Cuina a foc lent

Receptes per saborejar el temps

Martina Soler

Resum

Pollastre amb fideus, cuina lenta 22

INGREDIENTS 22

PREPARACIÓ 23

Pollastre amb ceba 24

INGREDIENTS 24

PREPARACIÓ 24

Boles De Pollastre Amb Julivert 25

INGREDIENTS 25

PREPARACIÓ 26

Pollastre Amb Ceba I Xampinyons 27

INGREDIENTS 27

PREPARACIÓ 28

Pollastre Amb Pinya 29

INGREDIENTS 29

PREPARACIÓ 30

Cassola de pollastre i arròs 31

INGREDIENTS 31

PREPARACIÓ 31

Pollastre amb bitxo 32

INGREDIENTS 32

PREPARACIÓ 33

Pollastre i verdures a l'estil xinès 34

INGREDIENTS 34

PREPARACIÓ 35

Gallines de caça de Cornualla amb arròs 36

INGREDIENTS 36

PREPARACIÓ 36

Gallines còrniques amb salsa de panses 37

INGREDIENTS 37

PREPARACIÓ 37

Pit de pollastre del capità del país 39

INGREDIENTS 39

PREPARACIÓ 40

Pollastre del país i bolets 41

INGREDIENTS 41

PREPARACIÓ 41

Pollastre Country Club Club 42

INGREDIENTS 42

PREPARACIÓ 43

Pollastre amb nabius 44

INGREDIENTS 44

PREPARACIÓ 44

Pollastre amb nabius II 45

INGREDIENTS 45

PREPARACIÓ 46

Pollastre amb formatge crema 47

INGREDIENTS 47

PREPARACIÓ 47

Crema de Pollastre i Carxofes 49

INGREDIENTS 49

PREPARACIÓ 49

Pollastre italià cremós 51

INGREDIENTS 51

PREPARACIÓ 52

Pollastre crioll 53

INGREDIENTS 53

PREPARACIÓ 54

Pollastre Crioll Amb Botifarra 55

INGREDIENTS 55

PREPARACIÓ 56

Pollastre Crock Pot i Carxofes 57

INGREDIENTS 57

PREPARACIÓ 58

Pollastre a l'olla i condiment 59

INGREDIENTS 59

PREPARACIÓ 60

Enchilada de pollastre a l'olla calenta al crock 61

INGREDIENTS 61

PREPARACIÓ 61

Enchiladas de pollastre crock pot 63

INGREDIENTS 63

PREPARACIÓ 63

Truites de pollastre en olla de barro 64

INGREDIENTS 64

PREPARACIÓ 64

Crockpot Cassoulet 66

INGREDIENTS 66

PREPARACIÓ 67

Boles de massa de pollastre i herbes 68

INGREDIENTS 68

PREPARACIÓ 69

Barbacoa crockpot de pollastre 70

INGREDIENTS 70

PREPARACIÓ 71

Barbacoa crockpot de pollastre 72

INGREDIENTS 72

PREPARACIÓ 72

Pollastre Crockpot Chili 73

INGREDIENTS 73

PREPARACIÓ 74

Crockpot Chicken Chow Mein 75

INGREDIENTS 75

PREPARACIÓ 76

Crockpot Chicken Cordon Bleu 77

INGREDIENTS 77

PREPARACIÓ 77

Crockpot pollastre cordon bleu II 78

INGREDIENTS 78

PREPARACIÓ 79

Cuxes de pollastre Crockpot 80

INGREDIENTS 80

PREPARACIÓ 80

10. Variacions 81

Recepta de fricassee de pollastre Crockpot 82

INGREDIENTS 82

PREPARACIÓ 83

Crockpot Chicken Reuben Cassola 84

INGREDIENTS 84

PREPARACIÓ 85

Pollastre Crockpot Amb Carxofes 86

INGREDIENTS 86

PREPARACIÓ 87

Pollastre Crockpot amb mostassa de Dijon 88

INGREDIENTS 88

PREPARACIÓ 88

Pollastre Crockpot Amb Arròs 89

INGREDIENTS 89

PREPARACIÓ 90

Pollastre Crockpot Amb Tomàquets 91

INGREDIENTS 91

PREPARACIÓ 91

Pollastre Crockpot Cola 92

INGREDIENTS 92

PREPARACIÓ 92

Pollastre Crioll Crockpot 93

INGREDIENTS 93

PREPARACIÓ 94

Pollastre d'herbes crockpot amb farcit 95

INGREDIENTS 95

PREPARACIÓ 95

Pollastre d'herbes crockpot amb farcit 97

INGREDIENTS 97

PREPARACIÓ 98

Pollastre Crockpot a l'estil italià 99

INGREDIENTS 99

PREPARACIÓ 100

Crock Pot Fesols de Lima amb pollastre 101

INGREDIENTS 101

PREPARACIÓ 101

Crockpot Pasta and Cheese Delight 102

INGREDIENTS 102

PREPARACIÓ 102

Crockpot de pollastre farcit de Debbie 103

INGREDIENTS ... 103

PREPARACIÓ ... 103

El rei del pollastre de Diana ... 105

INGREDIENTS ... 105

PREPARACIÓ ... 105

Anet de pollastre amb verdures ... 106

INGREDIENTS ... 106

PREPARACIÓ ... 106

Don's pollastre agredolç ... 107

INGREDIENTS ... 107

PREPARACIÓ ... 108

Pollastre amb formatge de cuina lenta fàcil ... 109

INGREDIENTS ... 109

PREPARACIÓ ... 109

Cacciatore de pollastre fàcil ... 110

INGREDIENTS ... 110

PREPARACIÓ ... 110

Salsa de pasta de pollastre fàcil ... 111

INGREDIENTS ... 111

PREPARACIÓ ... 112

Pollastre Fàcil Amb Ametlles ... 113

INGREDIENTS 113

PREPARACIÓ 114

Cassoulet Easy Crockpot 115

INGREDIENTS 115

PREPARACIÓ 116

Cindy's Easy Crockpot Chicken Santa Fe 117

INGREDIENTS 117

PREPARACIÓ 117

Pollastre rostit fàcil de Geoff amb salsa 118

INGREDIENTS 118

PREPARACIÓ 118

Pollastre amb pinya al gingebre 119

INGREDIENTS 119

PREPARACIÓ 119

pollastre grec 120

INGREDIENTS 120

PREPARACIÓ 120

Escuradents hawaians 121

INGREDIENTS 121

PREPARACIÓ 121

Pollastre a les Herbes amb Verdures 122

INGREDIENTS.. 122

PREPARACIÓ... 123

Pollastre a les herbes amb arròs salvatge... 124

INGREDIENTS.. 124

PREPARACIÓ... 125

Pollastre amb mel i gingebre 126

INGREDIENTS.. 126

PREPARACIÓ... 127

Pollastre a la planxa amb mel i moniatos 128

INGREDIENTS.. 128

PREPARACIÓ... 129

Pollastre Hoisin a la mel 130

INGREDIENTS.. 130

PREPARACIÓ... 131

Pollastre italià... 132

INGREDIENTS.. 132

PREPARACIÓ... 132

Pollastre a l'estil italià en crockpot 134

INGREDIENTS.. 134

PREPARACIÓ... 135

Pollastre a l'italià amb espaguetis, cuina lenta 136

INGREDIENTS 136

PREPARACIÓ 137

Pollastre lleuger Stroganoff 138

INGREDIENTS 138

PREPARACIÓ 139

Pollastre a la cuina lenta de Lilly amb salsa de formatge 140

INGREDIENTS 140

PREPARACIÓ 140

Pits de pollastre mexicà 141

INGREDIENTS 141

Guarniments opcionals 141

PREPARACIÓ 142

Pollastre amb porros de Paula 143

INGREDIENTS 143

PREPARACIÓ 143

Salsa de barbacoa 144

PREPARACIÓ 144

Pollastre i boletes de Sherri 146

INGREDIENTS 146

PREPARACIÓ 147

Barbacoa senzilla de pollastre de cuina lenta 148

INGREDIENTS.. 148

PREPARACIÓ... 148

Pollastre a la cuina lenta Dijon... 149

INGREDIENTS.. 149

PREPARACIÓ... 149

Pollastre a la barbacoa a la cuina lenta.................................. 150

INGREDIENTS.. 150

PREPARACIÓ... 150

Cuxes de pollastre a la planxa en una olla de cocció lenta 151

INGREDIENTS.. 151

PREPARACIÓ... 151

Salsa de pasta de pollastre amb botifarra de cuina lenta................ 153

INGREDIENTS.. 153

PREPARACIÓ... 153

Curry de pollastre a la cuina lenta 155

INGREDIENTS.. 155

PREPARACIÓ... 155

Pollastre al curri amb arròs de cuina lenta 156

INGREDIENTS.. 156

PREPARACIÓ... 156

Enchiladas de pollastre a la cuina lenta................................... 158

INGREDIENTS 158

PREPARACIÓ 159

Fricassee de pollastre a la cuina lenta amb verdures 160

INGREDIENTS 160

PREPARACIÓ 161

Pollastre a la cuina lenta amb salsa picant 162

INGREDIENTS 162

PREPARACIÓ 162

Pollastre Madras a la cocció lenta amb curri en pols 163

INGREDIENTS 163

PREPARACIÓ 163

Pollastre a la cuina lenta amb bolets 164

INGREDIENTS 164

PREPARACIÓ 164

Cordó Blau. cocció lenta 166

INGREDIENTS 166

PREPARACIÓ 166

Pollastre de Dijon a la cuina lenta 168

INGREDIENTS 168

PREPARACIÓ 168

Pollastre amb llimona a la cuina lenta 170

INGREDIENTS 170

PREPARACIÓ 171

Pollastre tirat a la cuina lenta 172

INGREDIENTS 172

PREPARACIÓ 173

Botifarra fumada i col 174

INGREDIENTS 174

PREPARACIÓ 175

Pollastre Espanyol Amb Arròs 176

INGREDIENTS 176

PREPARACIÓ 176

Cuixes de pollastre a la brasa de Tami 177

INGREDIENTS 177

PREPARACIÓ 177

Tami's Crockpot Chicken Mozzarella 178

INGREDIENTS 178

PREPARACIÓ 178

chili de pollastre blanc 179

INGREDIENTS 179

PREPARACIÓ 179

Pollastre a la cuina lenta i mongetes negres 180

INGREDIENTS 180

PREPARACIÓ 181

Pollastre i condiments, cuina lenta 182

INGREDIENTS 182

PREPARACIÓ 182

Pollastre i bolets, cuina lenta 183

INGREDIENTS 183

PREPARACIÓ 183

Pollastre i arròs parmesà, cuina lenta 185

INGREDIENTS 185

PREPARACIÓ 185

Pollastre i Gambes 186

INGREDIENTS 186

PREPARACIÓ 186

Recepta de pollastre i farcit 188

INGREDIENTS 188

PREPARACIÓ 189

Pits de pollastre en salsa criolla criolla 190

INGREDIENTS 190

PREPARACIÓ 190

Chili Chicken with Hominy 192

INGREDIENTS 192

PREPARACIÓ 192

Delicia de pollastre 193

INGREDIENTS 193

PREPARACIÓ 194

Enchiladas de pollastre per a la cuina lenta 195

INGREDIENTS 195

PREPARACIÓ 195

Pollastre de Las Vegas 196

INGREDIENTS 196

PREPARACIÓ 196

Pollastre parisenc per a la cuina lenta 197

INGREDIENTS 197

PREPARACIÓ 197

Cassola de pollastre Reuben, cuina lenta 198

INGREDIENTS 198

PREPARACIÓ 198

Pollastre amb nabius 199

INGREDIENTS 199

PREPARACIÓ 199

Pollastre amb salsa i salsa, cuina lenta 200

INGREDIENTS 200

PREPARACIÓ 201

Pollastre amb Macarrons i Formatge Gouda Fumat 202

INGREDIENTS 202

PREPARACIÓ 203

Pollastre amb ceba i bolets, cuina lenta 204

INGREDIENTS 204

PREPARACIÓ 204

Pollastre Amb Pinya 205

INGREDIENTS 205

PREPARACIÓ 206

Country Captain Chicken 207

INGREDIENTS 207

PREPARACIÓ 207

Pollastre del país i bolets 209

INGREDIENTS 209

PREPARACIÓ 209

P 210

pa de nabius 211

INGREDIENTS 211

PREPARACIÓ 212

Pollastre italià cremós 213

INGREDIENTS 213

PREPARACIÓ 213

Lasanya de pollastre Crockpot 214

INGREDIENTS 214

PREPARACIÓ 214

Crockpot Chicken Reuben Cassola 216

INGREDIENTS 216

PREPARACIÓ 216

Pollastre Crockpot robust 217

INGREDIENTS 217

PREPARACIÓ 217

Pollastre Crockpot Amb Carxofes 218

INGREDIENTS 218

PREPARACIÓ 219

Pollastre amb fideus, cuina lenta

INGREDIENTS

- 2 culleradetes de brou de pollastre en grànuls o base
- 1 cullerada de julivert fresc picat
- 3/4 culleradeta de condiment d'aviram
- 1/3 tassa. cansalada canadenca tallada a daus o pernil fumat
- 2 o 3 pastanagues, a rodanxes fines
- 2 tiges d'api, a rodanxes fines
- 1 ceba petita, tallada a rodanxes fines
- 1/4 tassa. cascada
- 1 pollastre a la planxa (d'uns 3 lliures), tallat a trossos
- 1 llauna (10 3/4 oz) de sopa de formatge cheddar condensada
- 1 cullerada de farina per a tot ús
- 1 paquet (16 oz). fideus grans d'ou, cuits i escorreguts
- 2 cullerades de pebre de Jamaica tallat a rodanxes
- 2 cullerades de parmesà ratllat

PREPARACIÓ

1. En un bol petit, combineu el brou o la base de pollastre, el julivert picat i el condiment de pollastre; deixar de banda.

2. A l'olla de cocció lenta, poseu una capa de cansalada o pernil canadenc, pastanagues, api i ceba. Afegiu aigua.

3. Traieu la pell i l'excés de greix del pollastre; esbandir i assecar. Col·loqueu la meitat del pollastre a la cuina lenta. Espolvorear amb la meitat de la barreja de condiments reservada. A sobre amb el pollastre restant i espolvorear amb la resta de la barreja de condiments.

4. Barrejar la sopa i la farina i abocar-hi el pollastre; no barregis.

5. Cobrir i coure a ALTA durant 3 a 3 1/2 hores o a baix durant 6 a 8 hores, o fins que el pollastre estigui tendre i els sucs del pollastre s'acabin quan es tallen al llarg de l'os i les verdures estiguin tendres.

6. Col·loqueu els fideus cuits calents en un plat poc profund de 2 a 2 1/2 quarts. Col·loqueu el pollastre sobre els fideus. Remeneu la barreja de sopa i les verdures a la cassola fins que quedi barrejat. Verdures amb una cullera i una mica del líquid del pollastre. Espolvorear amb pebrot a rodanxes i parmesà.

7. Coure al forn de 4 a 6 polzades de la font de calor durant 5 a 8 minuts, o fins que estigui lleugerament daurat.

8. Decoreu amb una branca de julivert si voleu.

9. Racions de recepta de pollastre alpí 4

Pollastre amb ceba

INGREDIENTS

- 4 cebes grans, tallades a rodanxes fines
- 5 grans d'all, picats
- 1/4 tassa de suc de llimona
- 1 culleradeta de sal
- 1/4 culleradeta de pebre de caiena (o més si es desitja)
- De 4 a 6 pits de pollastre desossats congelats, sense necessitat de descongelar
- arròs cuit calent

PREPARACIÓ

1. Col·loqueu tots els ingredients excepte l'arròs a la cassola. Barrejar bé. Cuini durant 4-6 hores a BAIX, o fins que el pollastre estigui cuit i encara estigui tendre.
2. Servir sobre arròs.

Boles De Pollastre Amb Julivert

INGREDIENTS

- De 4 a 6 pits de pollastre, sense pell
- 1 pessic cada sal, pebre, fulles de farigola seca, marduix mòlt i pebre vermell
- 1 ceba gran, tallada a rodanxes, dividida
- 2 porros, tallats a rodanxes
- 4 pastanagues, tallades a trossos grans
- 1 gra d'all, picat
- 1 tassa de brou de pollastre
- 1 cullerada de midó de blat de moro
- 1 llauna (10 3/4 unces) de crema condensada de sopa de pollastre
- 1/2 got de vi blanc sec
- Raviolis
- 1 tassa de Bisquick
- 8 cullerades de llet
- 1 culleradeta de flocs de julivert sec
- una mica de sal
- xile

- un polsim de pebre vermell

PREPARACIÓ

1. Espolvorear el pollastre amb sal, pebre, farigola, marduix i pebre vermell. Al fons de la cassola, poseu la meitat de les rodanxes de ceba, els porros i les pastanagues. Disposeu el pollastre sobre les verdures. Espolseu l'all picat sobre el pollastre i, a continuació, afegiu-hi les rodanxes de ceba restants. Dissoleu 1 cullerada de maizena en 1 tassa de brou de pollastre i, a continuació, combineu amb el brou de pollastre amb crema i el vi. Cuinar a ALTA durant unes 3 hores o BAIX durant unes 6 hores (si es cuina a BAIX, girar a ALTA quan afegiu boles de massa).

2. El pollastre ha d'estar tendre, però no sec.

3. **Boles de massa:** Incorporeu-hi 1 tassa de bisquick, unes 8 cullerades de llet, julivert, sal, pebre i pebre vermell; formar boles i posar-les a sobre de la barreja de pollastre durant els últims 35-45 minuts de cocció.

4. Serveis de 4 a 6.

Pollastre Amb Ceba I Xampinyons

INGREDIENTS

- De 4 a 6 pits de pollastre desossats, tallats a trossos d'1 polzada
- 1 llauna (10 3/4 unces) de crema de pollastre o crema de pollastre i sopa de bolets
- 8 unces de bolets a rodanxes
- 1 bossa (16 unces) de ceba tendra congelada
- Sal i pebre al gust
- julivert, picat, per guarnir

PREPARACIÓ

1. Rentar el pollastre i assecar-lo. Talleu en trossos d'aproximadament 1/2 a 1 polzada i poseu-los en un bol gran. Afegiu la sopa, els bolets i les cebes; barrejar per combinar. Ruixeu l'insert de la cuina lenta amb esprai de cuina.

2. Aboqueu la barreja de pollastre a l'olla i espolseu-ho amb sal i pebre.

3. Tapar i coure a BAIX durant 6-8 hores, remenant a mitja cocció si és possible.

4. Decoreu amb julivert fresc picat, si voleu, i serviu-ho sobre arròs cuit calent o amb patates.

5. Serveix de 4 a 6.

Pollastre Amb Pinya

INGREDIENTS

- 1 a 1 1/2 lliures de nuggets de pollastre, tallats a trossos d'1 polzada
- 2/3 tasses de melmelada de pinya
- 1 cullerada més 1 culleradeta de salsa teriyaki
- 2 grans d'all a rodanxes fines
- 1 cullerada de ceba seca picada (o 1 manat de ceba verde fresca, picada)
- 1 cullerada de suc de llimona
- 1/2 culleradeta de gingebre mòlt
- una mica de caiena, al gust
- 1 paquet (10 oz) de pèsols de sucre, descongelats

PREPARACIÓ

1. Col·loqueu els trossos de pollastre a l'olla de cocció lenta/olla.

2. Combina les conserves, la salsa teriyaki, l'all, la ceba, el suc de llimona, el gingebre i la caiena; barrejar bé. Col·loqueu el pollastre, remeneu-lo per cobrir.

3. Tapar i coure a baixa velocitat de 6 a 7 hores. Afegiu els pèsols en els últims 30 minuts.

4. Serveis 4.

Cassola de pollastre i arròs

INGREDIENTS

- De 4 a 6 pits de pollastre grans, desossats i sense pell
- 1 llauna de sopa de pollastre
- 1 llauna de crema d'api
- 1 llauna de sopa de bolets
- 1/2 tassa d'api tallat a daus
- 1 a 1 1/2 tasses d'arròs convertit

PREPARACIÓ

1. A la cuina lenta, combineu 3 llaunes de sopa i arròs. Col·loqueu el pollastre a sobre de la barreja i, a continuació, afegiu-hi l'api tallat a daus. Cuini durant 3 hores a màxim o unes 6-7 hores a baix.

2. Feu de 4 a 6 porcions.

Pollastre amb bitxo

INGREDIENTS

- 6 meitats de pit de pollastre desossades, tallades a trossos d'1 polzada
- 1 tassa de ceba picada
- 1 tassa de pebrot picat
- 2 grans d'all
- 2 cullerades. oli vegetal
- 2 llaunes d'estofat de tomàquet mexicà (unes 15 unces cadascuna)
- 1 llauna de fesols
- 2/3 tassa de salsa calenta
- 1 culleradeta. xili en pols
- 1 culleradeta. comí
- 1/2 culleradeta. sal

PREPARACIÓ

1.

Sofregiu el pollastre, la ceba, el pebrot, l'all en oli vegetal fins que les verdures estiguin marcides. Transferir a una olla de cocció lenta; afegir la resta dels ingredients. Cobrir i coure a BAIX durant 4-6 hores. Servir amb arròs.

2. Serveis de 4 a 6.

Pollastre i verdures a l'estil xinès

INGREDIENTS

- 1 a 1 1/2 lliures de pit de pollastre, desossat

- 2 tasses de col picada gruixuda

- 1 ceba mitjana, tallada a trossos grans

- 1 pebrot vermell mitjà, tallat a trossos grans

- 1 paquet d'amanida per amanida de pollastre Kikkoman

- 1 cullerada de vinagre de vi negre

- 2 culleradetes de mel

- 1 cullerada de salsa de soja

- 1 tassa de verdures mixtes orientals congelades

- 2 cullerades de midó de blat de moro

- 1 cullerada d'aigua freda

PREPARACIÓ

1. Talleu el pollastre a trossos d'1 1/2 polzada. Col·loqueu els primers 8 ingredients a la cuina lenta; barrejar bé. Tapar i coure a foc lent durant 5-7 hores. Barrejar maizena i aigua freda; afegir amb verdures i coure de 30 a 45 minuts més, fins que les verdures estiguin tendres.

2. Serveis de 4 a 6.

Gallines de caça de Cornualla amb arròs

INGREDIENTS

- 2 gallines de caça de Cornualla
- 1/2 tassa de brou de pollastre
- Sal i pebre de llimona al gust
- arròs bullit calent

PREPARACIÓ

1. Col·loqueu les gallines de Còrnic a l'olla de cocció lenta (si voleu, daureu primer les gallines en una paella lleugerament untada). Afegiu el brou de pollastre. Espolvorear les gallines amb sal i pebre de llimona. Cuini a BAIX durant 7-9 hores. Retirar les gallines i descremar el greix; espessiu els sucs amb una barreja d'1 1/2 cullerades de maizena i 1 cullerada d'aigua freda. Serviu amb arròs cuit calent. Serveis 2.

Gallines còrniques amb salsa de panses

INGREDIENTS

- 1 paquet (6 oz) de farciment, preparat segons les instruccions
- 4 gallines de caça de Cornualla
- sal i pebre
- .
- Salsa de panses
- 1 pot (10 oz) de gelatina de grosella
- 1/2 tassa de panses
- 1/4 tassa de mantega
- 1 cullerada de suc de llimona
- 1/4 culleradeta de pebre de Jamaica

PREPARACIÓ

1. Farcir les gallines amb el farcit preparat; Espolvorear amb sal i pebre. Col·loqueu el salvament o un tros de paper d'alumini arrugat a la cocció

lenta, per evitar que les gallines s'assentin als sucs. Si utilitzeu una olla de fang estreta i profunda, col·loqueu les gallines còrniques amb el coll cap avall. En una cassola d'1 quart, combineu la gelatina, les panses, la mantega, el suc de llimona i el pebre de Jamaica. Cuini a foc lent, remenant, fins que estigui calent i bulli a foc lent. Raspalleu una mica de salsa als pollastres a la cassola.

2. Refrigerar la salsa restant fins que estigui llesta per servir. Tapa i cuini a BAIX durant 5-7 hores, remenant una vegada aproximadament una hora abans de fer-ho. Porteu la salsa restant a ebullició i aboqueu-ho sobre les gallines en servir.

3. Per a 4 racions.

Pit de pollastre del capità del país

INGREDIENTS

- 2 pomes Granny Smith de mida mitjana, pelades i tallades a daus (sense pelar)
- 1/4 tassa de ceba picada finament
- 1 pebrot verd petit, sense llavors i picat finament
- 3 grans d'all, picats
- 2 cullerades de panses o groselles
- 2 o 3 culleradetes de curri en pols
- 1 culleradeta de gingebre mòlt
- 1/4 culleradeta de pebre vermell mòlt o al gust
- 1 llauna (aproximadament 14 1/2 oz) de tomàquets tallats a daus
- 6 meitats de pell de pit de pollastre desossats i sense pell
- 1/2 tassa de brou de pollastre
- 1 tassa d'arròs blanc convertit en gra llarg
- 1 lliura de gambes mitjanes grans, pelades i desossades, crues, opcionals
- 1/3 tassa d'ametlla en escates
- sal kosher
- Julivert picat

PREPARACIÓ

1. En una olla de cocció lenta de 4 a 6 quarts, combineu les pomes tallades a daus, la ceba, el pebrot, l'all, les panses o groselles daurades, el curri en pols, el gingebre i el pebrot vermell mòlt; remenar els tomàquets.

2. Disposeu el pollastre sobre la barreja de tomàquet, superposant lleugerament els trossos. Aboqueu el brou de pollastre sobre les meitats de pit de pollastre. Tapa i cuini a BAIX fins que el pollastre estigui ben tendre quan es perfora amb una forquilla, unes 4 a 6 hores.

3. Traieu el pollastre a un plat calent, tapeu-lo lleugerament i manteniu-lo calent en un forn a 200 °F o en un plat de fregament.

4. Incorporeu l'arròs al líquid de cocció. Puja la temperatura al màxim; tapar i coure, remenant una o dues vegades, fins que l'arròs estigui gairebé tendre, uns 35 minuts. Incorporeu les gambes, si feu servir; tapar i coure uns 15 minuts més, fins que les gambes estiguin opacs al centre; tall de prova.

5. Mentrestant, torra les ametlles en una paella petita antiadherent a foc mitjà fins que estiguin daurades, remenant de tant en tant. Per deixar de banda.

6. Per servir el plat, amaniu la barreja d'arròs al gust amb sal. Muntar en un plat calent per servir; disposa el pollastre per sobre. Espolvorear amb julivert i ametlles.

Pollastre del país i bolets

INGREDIENTS

- 1 pot de salsa de camp

- De 4 a 6 pits de pollastre

- 8 unces de bolets a rodanxes

- Sal i pebre al gust

PREPARACIÓ

1. Combina tots els ingredients; tapar i coure a foc lent durant 6-7 hores. Servir amb arròs o pasta.

2. Serveis de 4 a 6.

Pollastre Country Club Club

INGREDIENTS

- 5 pomes, pelades, pelades i trossejades

- De 6 a 8 cebes verdes, amb verdures, tallades a rodanxes

- 1 lliura de cuixes de pollastre, desossades, amb pell, retallades de greix, tallades a daus de 2 polzades

- De 6 a 8 oz de formatge suís a rodanxes

- 1 llauna (10 1/2 unces) de crema de sopa de pollastre, ben barrejada amb 1/4 tassa de llet

- 1 caixa (6 oz) de farciment de panses de poma Pepperidge Farm, o utilitzeu la vostra barreja de farciment preferida

- 1/4 tassa de mantega fosa

- 3/4 tassa de suc de poma

PREPARACIÓ

1. Col·loqueu els ingredients en una olla de cocció lenta de 3 1/2 a 5 quarts en el mateix ordre que l'anterior. Aboqueu la barreja de sopa sobre la capa de formatge, la mantega sobre el farcit i, finalment, regagueu amb el suc de poma, procurant que el líquid humitegi tot el pa.

2. Cobrir i coure a ALTA durant 1 hora i BAIX durant 4-5 hores més.

3. Nota de Rose-Marie:

4. L'hem menjat senzill però com que fa una salsa meravellosa i el farcit desapareix al plat, recomano servir-lo amb arròs natural.

Pollastre amb nabius

INGREDIENTS

- De 4 a 6 pits de pollastre desossats i sense pell
- 1 llauna sencera de salsa de nabius
- 2/3 tassa de salsa de xili
- 2 cullerades de vinagre de sidra
- 2 cullerades de sucre moreno
- 1 paquet de sopa de sopa de ceba daurada (Lipton)

PREPARACIÓ

1. Col·loqueu els pits de pollastre a l'olla de cocció lenta/olla. Combina els ingredients restants; afegiu-lo a l'olla de cocció lenta/olla de cocció, cobrint bé el pollastre. Tapar i coure a foc lent durant 6-8 hores.

2. Serveis de 4 a 6.

Pollastre amb nabius II

INGREDIENTS

- 2 lliures de pell de pit de pollastre desossat i sense pell

- 1/2 tassa de ceba picada

- 2 culleradetes d'oli vegetal

- 2 culleradetes de sal

- 1/2 culleradeta de canyella mòlta

- 1/4 culleradeta de gingebre mòlt

- 1/8 culleradeta de nou moscada mòlta

- guió de pebre vermell mòlt

- 1 tassa de suc de taronja

- 2 culleradetes de pell de taronja ben ratllada

- 2 tasses de nabius frescos o congelats

- 1/4 tassa de sucre moreno

PREPARACIÓ

1. Daurar els trossos de pollastre i la ceba amb l'oli; espolvorear amb sal.

2. Afegiu el pollastre daurat, les cebes i altres ingredients a la cassola.

3. Cobrir i coure a BAIX 5 1/2 a 7 hores.

4. Si ho desitja, espessiu els sucs prop del final del temps de cocció amb una barreja d'unes 2 cullerades de maizena combinada amb 2 cullerades d'aigua freda.

Pollastre amb formatge crema

INGREDIENTS

- De 3 a 3 1/2 lliures de peces de pollastre
- 2 cullerades de mantega fosa
- Sal i pebre al gust
- 2 cullerades soperes d'amaniment sec d'amanida italiana
- 1 llauna (10 3/4 unces) de crema de sopa de bolets
- 8 unces de formatge crema, tallat a daus
- 1/2 got de vi blanc sec
- 1 cullerada de ceba picada

PREPARACIÓ

1. Pinteu el pollastre amb mantega i espolvoreu-ho amb sal i pebre. Col·loqueu a una olla de cocció lenta i espolseu-hi el condiment sec per sobre de tot.

2. Tapeu i cuini a foc lent durant 6-7 hores o fins que el pollastre estigui tendre i cuit.

3. Uns 45 minuts abans de fer-ho, combineu la sopa, el formatge crema, el vi i la ceba en una cassola petita. Cuini fins que estigui bullint i suau.

4. Aboqui el pollastre i tapeu-ho i deixeu-ho coure de 30 a 45 minuts més.

5. Serviu el pollastre amb la salsa.

6. Serveis de 4 a 6.

Crema de Pollastre i Carxofes

INGREDIENTS

- 2-3 tasses de pollastre cuit a daus
- 2 tasses de quarts de carxofa congelada o 1 llauna (unes 15 unces), escorregudes
- 2 unces de pebrot vermell triturat, escorregut
- 1 pot (16 oz) de salsa Alfredo
- 1 cullerudeta de base o brou de pollastre
- 1/2 cullerudeta d'alfàbrega seca
- 1/2 cullerudeta d'all en grans o en pols
- 1 cullerudeta de julivert sec, opcional
- Sal i pebre al gust
- 8 unces d'espaguetis, cuits i escorreguts, opcional

PREPARACIÓ

1. Cuino aproximadament un quilo de pollastre amb una mica d'aigua amanida amb llimona i all, però podeu utilitzar pits de pollastre cuits o pollastre sobrant. Combina tots els ingredients al crockpot; tapar i coure a foc lent durant 4-6 hores. Afegiu-hi la pasta cuita calenta o utilitzeu-la com a

cobertura per a l'arròs o la pasta. Aquesta recepta de pollastre i carxofa a la cuina lenta serveix de 4 a 6.

Pollastre italià cremós

INGREDIENTS

- 4 meitats de pit de pollastre desossades i sense pell

- 1 bossa de condiment per amanida italiana

- 1/3 tassa d'aigua

- 1 paquet (8 oz) de formatge crema, suavitzat

- 1 llauna (10 3/4 oz) de crema condensada de sopa de pollastre, sense diluir

- 1 llauna (4 unces) de tiges i trossos de bolets, escorreguts

- Arròs o fideus cuits calents

PREPARACIÓ

1. Col·loqueu les meitats de pit de pollastre en una olla de cocció lenta. Combina l'amaniment d'amanida i l'aigua; abocar sobre el pollastre. Tapar i coure a BAIX durant 3 hores. En un bol petit, bateu el formatge crema i la sopa fins que quedi barrejat. Combina els bolets. Aboqueu la barreja de formatge crema sobre el pollastre. Cuini d'1 a 3 hores més o fins que el suc de pollastre quedi clar. Serviu el pollastre italià amb arròs cuit calent o fideus.

2. Serveis 4.

Pollastre crioll

INGREDIENTS

- 1 pollastre fregit, tallat a trossos, uns 3 lliures de trossos de pollastre

- 1 pebrot verd, picat

- 6 cebes verdes, aproximadament 1 manat, picades

- 1 llauna (14,5 oz) de tomàquets, sense escórrer, tallats a trossos

- 1 llauna (6 oz) de pasta de tomàquet

- 4 unces de pernil cuit tallat a daus

- 1 culleradeta de sal

- diverses gotes de salsa de xili embotellada, com Tabasco

- 1/2 lliura de botifarra fumada a rodanxes, andouille, kielbasa, etc.

- 3 tasses d'arròs cuit

PREPARACIÓ

1. En una olla de cocció lenta, combineu el pollastre, el pebrot, la ceba, els tomàquets, la pasta de tomàquet, el pernil, la sal i la salsa de pebre.

2. Tapar i coure a foc lent durant 6 hores. Aixequeu el control i afegiu-hi la llonganissa i l'arròs cuit. Tapar i coure a màxima potència durant 20 minuts més.

Pollastre Crioll Amb Botifarra

INGREDIENTS

- 1 1/2 lliures de cuixes de pollastre desossades, tallades a trossos
- 12 unces de botifarra fumada d'andouille, tallada en trossos d'1 a 2 polzades
- 1 tassa de ceba picada
- 3/4 tassa de brou de pollastre o aigua
- 1 llauna (14,5 oz) de tomàquets a daus
- 1 llauna (6 oz) de pasta de tomàquet
- 2 culleradetes de condiment cajun o crioll
- un polsim de pebre de caiena, al gust
- 1 pebrot verd, picat
- Sal i pebre al gust
- arròs integral o blanc cuit calent o espaguetis escorreguts cuits

PREPARACIÓ

1. En una olla de cocció lenta, combineu els trossos de cuixa de pollastre, els trossos de salsitxa andouille, la ceba picada, el brou o aigua, els tomàquets (amb els seus sucs), la pasta de tomàquet, el condiment crioll i el pebre de caiena.

2. Tapeu i coeu la barreja de pollastre i embotit a BAIX durant 6-7 hores. Afegiu el pebrot verd picat aproximadament una hora abans de cuinar el plat. Tasteu i afegiu-hi sal i pebre, si cal.

3. Serviu aquest plat de pollastre i embotits salat sobre arròs bullit calent, o serviu-lo amb espaguetis o pasta de cabell d'àngel.

4. Serveis 6.

Pollastre Crock Pot i Carxofes

INGREDIENTS

- Trossos de pollastre de 3 lliures, fregidora, tallats

- sal, al gust

- 1/2 culleradeta de pebre

- 1/2 culleradeta de pebre vermell

- 1 cullerada de mantega

- 2 pots de carxofes marinades, cors; reservar la marinada

- 1 llauna (4 oz) de bolets, escorreguts

- 2 cullerades de tapioca de cocció ràpida

- 1/2 tassa de brou de pollastre

- 3 cullerades de xerès sec o més brou de pollastre

- 1/2 culleradeta d'estragó sec

PREPARACIÓ

1. Rentar el pollastre i assecar-lo. Condimenteu el pollastre amb sal, pebre i pebre vermell. En una paella gran a foc mitjà, daureu el pollastre amb la mantega i la marinada de carxofes reservada.

2. Col·loqueu els bolets i els cors de carxofa al fons de la cocció lenta. Espolvorear amb tapioca. Afegiu els trossos de pollastre daurats. Aboqueu-hi el brou de pollastre i el xerès. Afegiu l'estragó. Cobrir i coure a BAIX durant 7-8 hores, o coure a ALTA durant 3 1/2-4 1/2 hores.

3. Serveis 4.

Pollastre a l'olla i condiment

INGREDIENTS

- 4 meitats de pit de pollastre desossats i sense pell+

- sal i pebre negre recent mòlt, al gust

- 4 llesques de formatge suís

- 1 llauna (10 3/4 unces) de crema condensada de sopa de pollastre

- 1 llauna (10 3/4 unces) de crema condensada de sopa de bolets o crema d'api

- 1 tassa de brou de pollastre

- 1/4 tassa de llet

- 3 tasses de molles de farciment amb gust d'herbes

- 1/2 tassa de mantega fosa

PREPARACIÓ

1. Assaoneu els pits de pollastre amb sal i pebre i poseu-los a la cocció lenta. Aboqueu el brou de pollastre sobre els pits de pollastre. Col·loqueu una llesca de formatge suís a cada pit.

2. Combina les dues llaunes de sopa i llet en un bol; barrejar bé. Aboqui la barreja de sopa sobre el pollastre. Espolvoreu la barreja de farciment per tot arreu. Aboqueu la mantega fosa sobre la capa de farciment.

3. Tapar i coure a foc lent durant 5-7 hores.

4. Nota: Els pits de pollastre són molt magres i s'assequen quan es cuinen massa.

5. Segons la vostra olla de cocció lenta, el pollastre es pot cuinar perfectament en 4 hores o menys. Per a temps de cocció més llargs, proveu la recepta amb cuixes de pollastre desossades.

Enchilada de pollastre a l'olla calenta al crock

INGREDIENTS

- 9 truites de blat de moro de 6 polzades
- 1 llauna (de 12 a 16 unces) de blat de moro sencer amb pebrot, escorregut
- 2-3 tasses de pollastre cuit a daus
- 1 culleradeta de xili en pols
- 1/4 culleradeta de pebre negre mòlt
- 1/2 culleradeta de sal, o al gust
- 1 llauna (4 unces) de xiles verds suaus picats
- 2 tasses de formatge combinat mexicà ratllat o formatge cheddar suau
- 2 llaunes (10 unces cadascuna) de salsa d'enchilada
- 1 llauna (15 unces) de mongetes negres, esbandides i escorregudes
- guacamole i crema agra

PREPARACIÓ

1. Ruixeu l'olla de cocció lenta amb esprai de cuina antiadherent.

2. Col·loqueu 3 truites al fons de l'olla de cocció lenta.

3. Remeneu les truites amb el blat de moro, la meitat del pollastre, aproximadament la meitat dels condiments i la meitat dels xiles.

4. Espolseu amb la meitat del formatge ratllat i aboqueu aproximadament 3/4 de tassa de salsa d'enchilada sobre el formatge.

5. Repetiu amb 3 truites més, mongetes negres, pollastre restant, cobertura, xiles i formatge.

1. Decoreu amb les truites restants i la salsa d'enchilada.

2. Tapar i coure a BAIX durant 5-6 hores.

3. Servir amb guacamole i crema agra.

4. Serveix de 6 a 8.

Enchiladas de pollastre crock pot

INGREDIENTS

- 1 llauna gran (19 oz) de salsa d'enchilada
- 6 meitats de pit de pollastre desossades
- 2 llaunes de crema de sopa de pollastre
- 1 llauna petita d'olives negres a rodanxes
- 1/2 tassa de ceba picada
- 1 llauna (4 unces) de pebrot dolç triturat
- 16-20 truites de blat de moro
- 16 unces de formatge cheddar picant ratllat

PREPARACIÓ

1. Cuini el pollastre i tritureu-lo. Barregeu la sopa, les olives, els bitxos i les cebes. Talleu les truites a rodanxes. Poseu una capa de Crock Pot amb salsa, truites, barregeu la sopa, el pollastre i el formatge a la part superior, acabant amb el formatge per sobre. Cobrir i coure a BAIX durant 5-7 hores.

2. Serveix de 8 a 10

Truites de pollastre en olla de barro

INGREDIENTS

- 4 tasses de pollastre triturat o cuit a mida mossegada
- 1 llauna de sopa de pollastre
- 1/2 seg. salsa de xili verd
- 2 cullerades. tapioca de cocció ràpida
- 1 ceba mitjana picada
- 1 1/2 seg. formatge gratinat
- 12-15 truites de blat de moro
- Olives negres
- 1 tomàquet, picat
- 2 cullerades de ceba verda picada
- crema agra per guarnir

PREPARACIÓ

1. Combina el pollastre amb la sopa, la salsa de xili i la tapioca. Folreu el fons del Crock Pot amb 3 truites de blat de moro, tallades a trossos d'una mossegada. Afegiu 1/3 de la barreja de pollastre. Espolvorear amb 1/3 de la ceba i 1/3 del formatge ratllat. Repetiu les capes de truites cobertes amb la

barreja de pollastre, ceba i formatge. Cobrir i coure a foc baix 6-8 hores o alt durant 3 hores. Decoreu amb olives negres a rodanxes, tomàquets a daus, ceba verda i crema agra, si ho desitja.

Crockpot Cassoulet

INGREDIENTS

- 1 lliura de mongetes seques marinades, esbandides

- 4 tasses d'aigua

- 4 meitats de pit de pollastre sense pell i desossats, tallades a trossos d'1 polzada

- 8 unces de pernil cuit, tallat a trossos d'1 polzada

- 3 pastanagues grans, tallades a rodanxes fines

- 1 tassa de ceba picada

- 1/2 tassa d'api a rodanxes

- 1/4 tassa de sucre moreno ben empaquetat

- 1/2 culleradeta de sal

- 1/4 culleradeta de mostassa seca

- 1/4 culleradeta de pebre

- 1 llauna (8 oz) de salsa de tomàquet

- 2 cullerades de melassa

PREPARACIÓ

2. En un forn holandès o una bullidora gran, poseu les mongetes en remull durant la nit en 4 tasses d'aigua.

3. Tapeu i deixeu coure les mongetes a foc lent durant unes 1,5 hores, fins que estiguin tendres, afegint-hi una mica més d'aigua si cal.

4. Poseu les mongetes i el líquid a l'olla. Afegiu la resta dels ingredients; barrejar bé.

5. Tapar i coure a BAIX durant 7-9 hores, fins que les verdures estiguin tendres.

6. Serveix de 6 a 8.

Boles de massa de pollastre i herbes

INGREDIENTS

- 3 lliures de trossos de pollastre, sense pell

- sal i pebre

- 1/4 tassa de ceba picada

- 10 cebes blanques petites

- 2 grans d'all, picats

- 1/4 culleradeta de marduix mòlt

- 1/2 culleradeta de fulles de farigola seques, esmicolats

- 1 fulla de llorer

- 1/2 got de vi blanc sec

- 1 tassa de crema agra de lactis

- 1 tassa de barreja de galetes

- 1 cullerada de julivert picat

- 6 cullerades de llet

PREPARACIÓ

1. Espolvorear el pollastre amb sal i pebre, posar-lo en una olla de cocció lenta o olla. Poseu totes les cebes a l'olla. Afegiu-hi l'all, la marduix, la farigola, el llorer i el vi. Tapeu i cuini a foc lent durant 5 a 6 hores. Traieu la fulla de llorer. Incorporar la crema agra. Pujar el foc al màxim i afegir la barreja de galetes amb el julivert. Incorporeu la llet a la barreja de galetes fins que estigui ben humitejada. Deixeu caure les boles de massa de la culleradeta al voltant de la vora de l'olla. Tapeu i continueu cuinant a màxima potència durant 30 minuts més, fins que els nyoquis estiguin ben cuits.

Barbacoa crockpot de pollastre

INGREDIENTS

- 2 pits de pollastre desossats i sense pell

- 1 1/2 tassa de ketchup

- 3 cullerades de sucre moreno

- 1 cullerada de salsa Worcestershire

- 1 cullerada de salsa de soja

- 1 cullerada de vinagre de sidra

- 1 culleradeta de pebre vermell mòlt en escates o al gust

- 1/2 culleradeta d'all en pols

PREPARACIÓ

1. Combina tots els ingredients de la salsa a la cuina lenta. Afegiu el pollastre; gireu per arrebossar bé amb la salsa.

2. Cuini a màxima potència durant 3-4 hores o fins que el pollastre estigui cuit. Tritureu o piqueu el pollastre i torneu-lo a la salsa de l'olla. Barrejar bé perquè totes les peces quedin recobertes.

3. Podeu mantenir la cocció lenta a foc lent per mantenir el pollastre calent per servir-lo amb panets durs.

4. Deliciós!

Barbacoa crockpot de pollastre

INGREDIENTS

- 1 pollastre fregit, tallat a trossos o quarts
- 1 llauna de sopa de tomàquet condensada
- 3/4 seg. ceba picada
- 1/4 seg. vinagre
- 3 cullerades. sucre morè
- 1 cullerada. Salsa Worcestershire
- 1/2 culleradeta. sal
- 1/4 culleradeta. alfàbrega dolça
- un pessic de farigola

PREPARACIÓ

1. Col·loqueu el pollastre a la cuina lenta. Combina la resta d'ingredients i aboca el pollastre. Tapeu bé i deixeu coure a BAIX durant 6-8 hores. Serveis 4.

Pollastre Crockpot Chili

INGREDIENTS

- 2 tasses de mongetes seques del nord, remullades durant la nit
- 3 tasses d'aigua bullint
- 1 tassa de ceba picada
- 2 grans d'all, picats
- 2 o 3 pebrots jalapeños en conserva, picats (l'escabetx està bé)
- 1 cullerada de comí mòlt
- 1 culleradeta de xili en pols
- 1 a 1 1/2 lliures de pits de pollastre desossats, tallats a trossos d'1 polzada
- 2 carbassons o carbassons petits, tallats a daus
- 1 llauna (de 12 a 15 oz) de blat de moro sencer, escorregut
- 1/2 tassa de crema agra
- 2 1/4 culleradetes de sal
- 1 cullerada de suc de llima
- 1/4 tassa de coriandre fresc picat i una mica per guarnir, si ho desitja
- 1 tomàquet, picat, per guarnir, o tomàquets cherry a la meitat
- crema agra per guarnir

PREPARACIÓ

1. Combina les mongetes i l'aigua bullint a la cuina lenta. Deixeu reposar mentre prepareu la resta d'ingredients. Afegiu la ceba picada, l'all picat, el pebrot jalapeño, el comí i el xili en pols a la cassola. Poseu el pollastre per sobre. Afegiu la carbassa tallada a daus a l'olla. Tapa i cuini a foc lent durant 7-8 hores o fins que els fesols estiguin tendres. Incorporeu el blat de moro, la crema agra, la sal, el suc de llima i el coriandre picat. Abocar en bols. Decoreu-ho amb un rajolí de crema agra, tomàquet picat i coriandre fresc picat, si voleu.

Crockpot Chicken Chow Mein

INGREDIENTS

- 1 1/2 lliures de pits de pollastre desossats, tallats a trossos d'1 polzada

- 1 cullerada d'oli vegetal

- 1 1/2 tassa d'api picat

- 1 1/2 tassa de pastanagues picades

- 6 cebes verdes, picades

- 1 tassa de brou de pollastre

- 1/3 tassa de salsa de soja

- 1/4 culleradeta de pebre vermell mòlt o al gust

- 1/2 culleradeta de gingebre mòlt

- 1 gra d'all, ben picat

- 1 llauna (unes 12-15 unces) de brots de soja, escorreguts

- 1 llauna (8 oz) de castanyes d'aigua a rodanxes, escorregudes

- 1/4 tassa de maizena

- 1/3 tassa d'aigua

PREPARACIÓ

1. En una paella gran, daureu els trossos de pollastre. Col·loqueu el pollastre daurat a la cuina lenta. Afegiu la resta dels ingredients excepte la maizena i l'aigua. Sacsejar. Tapar i coure a BAIX durant 6-8 hores. Posa l'olla de cocció lenta a ALTA. Barregeu la maizena i l'aigua en un bol petit, remenant fins que es dissolgui i estigui suau. Remeneu els líquids de la cuina lenta. Mantenint la tapa lleugerament entreoberta per permetre que el vapor s'escapi, cuini fins que espesseixi, uns 20 a 30 minuts.

2. Servir amb arròs o fideus chow mein. Es pot duplicar a 5 qt. olles de cocció lenta/olla.

Crockpot Chicken Cordon Bleu

INGREDIENTS

- 4-6 pits de pollastre (molts prims)
- 4-6 trossos de pernil
- 4-6 llesques de formatge suís o mozzarella
- 1 llauna de sopa de xampinyons (pot fer servir qualsevol sopa de crema)
- 1/4 tassa de llet

PREPARACIÓ

1. Posa el pernil i el formatge al pollastre. Enrotlleu i fixeu-ho amb un escuradents. Col·loqueu el pollastre a l'olla de cocció lenta/Crock Pot perquè sembli un triangle /_\ Capa la resta. Barrejar la sopa amb la llet; abocar sobre el pollastre. Cobrir i coure a foc lent durant 4 hores o fins que el pollastre ja no estigui rosat. Serviu sobre els fideus amb la salsa que fa.

2. Nota de la Teresa: És la millor recepta que he provat fins ara, molt gustosa.

Crockpot pollastre cordon bleu II

INGREDIENTS

- 6 meitats de pit de pollastre
- 6 llesques de pernil
- 6 llesques de formatge suís
- 1/2 seg. Farina
- 1/2 seg. formatge parmesà
- 1/2 culleradeta. sal
- 1/4 culleradeta. Pebre
- 3 cullerades d'oli
- 1 llauna de sopa de pollastre
- 1/2 got de vi blanc sec

PREPARACIÓ

1. Col·loqueu cada meitat de pit de pollastre entre els trossos d'embolcall de plàstic i toqueu suaument per aplanar-lo a un gruix uniforme. Poseu una llesca de pernil i una falca de formatge suís a cada pit de pollastre; enrotlleu i fixeu-lo amb escuradents o corda de cuina. Combina la farina, el parmesà, la sal i el pebre en un bol. Enrotlla el pollastre a la barreja de farina de parmesà; refredar 1 hora. Quan el pollastre s'hagi refredat, escalfeu una paella amb 3 cullerades d'oli; pollastre daurat per tots els costats.

2. En una cassola, combineu el brou de pollastre i el vi. Afegiu el pollastre daurat i cuini a BAIX durant 4 1/2-5 hores o ALTA durant unes 2 1/2 hores. Espessiu la salsa amb una barreja de farina i aigua freda (unes 2 cullerades de farina batuda amb 2 cullerades d'aigua freda). Coure uns 20 minuts més, fins que espesseixi.

3. Serveis 6.

Cuxes de pollastre Crockpot

INGREDIENTS

- 12-16 cuixes de pollastre, sense pell

- 1 tassa de xarop d'auró

- 1/2 tassa de salsa de soja

- 1 llauna (14 oz) de salsa de baies de nabius

- 1 culleradeta de mostassa de Dijon

- 1 cullerada de midó de blat de moro

- 1 cullerada d'aigua freda

- ceba verda a rodanxes o coriandre fresc picat, opcional

PREPARACIÓ

1. Si opteu per deixar la pell a les cuixes, poseu el pollastre en una olla gran, cobriu-lo amb aigua i deixeu-ho bullir a foc fort. Bullir uns 5 minuts. L'ebullició eliminarà part de l'excés de greix de la pell.

2. Traieu el pollastre, assequeu-lo i col·loqueu les cuixes a l'olla de cocció lenta.

3. En un bol combineu el xarop d'auró, la salsa de soja, la salsa de nabius i la mostassa. Abocar sobre els escuradents.

4. Cobrir i coure durant 6-7 hores a BAIX o unes 3 hores a ALTA. El pollastre ha d'estar molt tendre, però no es desfà del tot.

5. Traieu les cuixes de pollastre a un plat de servir i manteniu-les calentes.

6. Combina la maizena i l'aigua freda en una tassa o un bol petit. Barrejar fins que estigui suau.

7. Augmenteu la temperatura de la cocció lenta a alta i afegiu-hi la barreja de maizena. Coure uns 10 minuts, fins que espesseixi.

8. O transferir líquids a una cassola i portar a ebullició. Incorporeu la barreja de maizena i cuini, remenant un minut o dos fins que la salsa espesseixi.

9. Servir guarnit amb ceba verda a rodanxes o coriandre picat si ho desitja.

10. Variacions

11. Utilitzeu cuixes de pollastre a l'os o en lloc de cuixes. Traieu la pell abans de cuinar.

12. Utilitzeu de 6 a 8 potes de pollastre senceres i sense pell en lloc de cuixes.

Recepta de fricassee de pollastre Crockpot

INGREDIENTS

- 1 llauna de crema condensada de sopa de pollastre, reduïda en greixos o Healthy Request

- 1/4 tassa d'aigua

- 1/2 tassa de ceba picada

- 1 culleradeta de pebre vermell mòlt

- 1 culleradeta de suc de llimona

- 1 culleradeta de romaní sec, picat

- 1 culleradeta de farigola

- 1 culleradeta de flocs de julivert

- 1 culleradeta de sal

- 1/4 culleradeta de pebre

- 4 meitats de pit de pollastre desossades i sense pell

- esprai de cuina antiadherent

- Raviolis amb cibulet

- 3 cullerades d'escurçament

- 1 1/2 tassa de farina

- 2 culleradetes. llevat en pols

- 3/4 culleradetes. sal

- 3 cullerades de cibulet o julivert fresc picat

- 3/4 tassa de llet desnatada

PREPARACIÓ

1. Ruixeu l'olla de cocció lenta amb esprai de cuina antiadherent. Col·loqueu el pollastre en una olla de cocció lenta.

2. Combina la sopa, l'aigua, la ceba, el pebre vermell, el suc de llimona, el romaní, la farigola, el julivert, 1 culleradeta de sal i el pebre; abocar sobre el pollastre. Cobrir i coure a BAIX durant 6-7 hores. Una hora abans de servir, prepareu les boles de massa, a continuació.

3. Boles de massa:

4. Amb la batedora o les forquilles, processeu els ingredients secs i reduïu-los junts fins que la barreja sembli farina gruixuda.

5. Afegiu-hi el cibulet o el julivert i la llet; remenar fins que quedi ben combinat. Amb una culleradeta, aboqueu-hi el pollastre calent i la salsa. Tapeu i continueu cuinant a ALTA uns 25 minuts més, fins que les boles de massa estiguin cuites. Serviu amb puré de patates o fideus, juntament amb verdures o amanida.

Crockpot Chicken Reuben Cassola

INGREDIENTS

- 2 bosses (16 unces cadascuna) de xucrut, esbandides i escorregudes

- 1 tassa d'amanida d'amanida russa lleugera o baixa en calories, dividida

- 6 meitats de pit de pollastre desossats i sense pell

- 1 cullerada de mostassa preparada

- De 4 a 6 llesques de formatge suís

- julivert fresc, per guarnir, opcional

PREPARACIÓ

1. Col·loqueu la meitat del xucrut en una olla elèctrica de cuina lenta de 3 1/2 quart. Espolvoreu amb aproximadament 1/3 tassa de l'amaniment. Cobrir amb 3 meitats de pit de pollastre i repartir la mostassa sobre el pollastre. Decoreu amb el xucrut i els pits de pollastre restants. Aboqueu una altra tassa de l'amaniment sobre la cassola. Refrigera l'amaniment restant fins que estigui llest per servir. Tapa i cuini a foc lent unes 3 1/2-4 hores, o fins que el pollastre estigui completament blanc i tendre.

2. Per servir, aboqueu la cassola en 6 plats. Decoreu amb una rodanxa de formatge i regeix amb unes culleradetes de salsa russa. Serviu immediatament, guarnint amb julivert fresc si ho desitja.

3. Serveis 6.

Pollastre Crockpot Amb Carxofes

INGREDIENTS

- 1 1/2 a 2 lliures de meitats de pit de pollastre desossades, sense pell
- 8 unces de bolets frescos a rodanxes
- 1 llauna (14,5 oz) de tomàquets a daus
- 1 paquet de carxofes congelades, de 8 a 12 oz
- 1 tassa de brou de pollastre
- 1/2 tassa de ceba picada
- 1 llauna (3-4 unces) d'olives madures a rodanxes
- 1/4 tassa de vi blanc sec o brou de pollastre
- 3 cullerades de tapioca de cocció ràpida
- 2 culleradetes de curri en pols, o al gust
- 3/4 culleradeta de farigola seca, picada
- 1/4 culleradeta de sal
- 1/4 culleradeta de pebre
- 4 tasses d'arròs cuit calent

PREPARACIÓ

1. Esbandida el pollastre; assecar i reservar. En una olla de cocció lenta de 3 1/2 a 5 quarts, combineu els bolets, els tomàquets, els cors de carxofa, el brou de pollastre, la ceba picada, les olives a rodanxes i el vi. Incorporeu-hi la tapioca, el curri en pols, la farigola, la sal i el pebre. Afegiu el pollastre a la cassola; raig una mica de la barreja de tomàquet sobre el pollastre.

2. Tapeu i cuini a BAIX durant 7-8 hores o ALTA durant 3 1/2-4 hores. Serviu amb arròs cuit calent.

3. Feu de 6 a 8 porcions.

Pollastre Crockpot amb mostassa de Dijon

INGREDIENTS

- De 4 a 6 pits de pollastre desossats
- 2 cullerades de mostassa de Dijon
- 1 llauna de sopa de bolets sense greix al 98%.
- 2 culleradetes de midó de blat de moro
- un polsim de pebre negre

PREPARACIÓ

1. Col·loqueu les meitats del pit de pollastre a la placa de cocció lenta.

2. Combineu els ingredients restants i aboqueu-los sobre el pollastre.

3. Tapar i coure a baixa velocitat de 6 a 8 hores.

Pollastre Crockpot Amb Arròs

INGREDIENTS

- De 4 a 6 pits de pollastre desossats i sense pell

- 1 llauna (10 3/4 unces) de crema condensada de sopa de bolets o crema de pollastre

- 1/2 tassa d'aigua

- 3/4 tassa d'arròs convertit, sense coure a

- 1 1/2 tassa de brou de pollastre

- 1 o 2 tasses de mongetes verdes congelades, descongelades

PREPARACIÓ

1. Col·loqueu els pits de pollastre a la cassola. Afegiu la crema de sopa de bolets i 1/2 tassa d'aigua.

2. Afegiu 3/4 de tassa d'arròs i el brou de pollastre.

3. Afegiu les mongetes verdes.

4. Tapeu i cuini a BAIX durant 6 hores, o fins que el pollastre estigui cuit i l'arròs estigui tendre.

Serveix de 4 a 6.

Pollastre Crockpot Amb Tomàquets

INGREDIENTS

- De 4 a 6 pits de pollastre

- 2 pebrots verds, tallats a rodanxes

- 1 llauna de tomàquets estofats picats

- 1/2 ampolla de condiment italià (baix en greix si es desitja)

PREPARACIÓ

1. Col·loqueu els pits de pollastre, els pebrots verds, els tomàquets estofats i el condiment italià a la cocció lenta o a l'olla i deixeu-ho coure durant tot el dia (6-8 hores) a foc lent.

2. Aquesta recepta de pollastre amb tomàquet guisat compartida per Myron a Florida

Pollastre Crockpot Cola

INGREDIENTS

- 1 pollastre sencer, aproximadament 3 lliures
- 1 tassa de ketchup
- 1 ceba gran, tallada a rodanxes fines
- 1 tassa de cola, Coca-Cola, Pepsi, Dr. Pepper, etc.

PREPARACIÓ

1. Rentar i assecar el pollastre. Sal i pebre al gust. Col·loqueu el pollastre al Crock Pot amb les cebes a sobre. Afegiu cola i salsa de tomàquet i cuini a BAIX 6-8 hores. Gaudeix!

2. Publicat per Molly

Pollastre Crioll Crockpot

INGREDIENTS

- 1 lliura de cuixes de pollastre desossades, sense pell, tallades a trossos d'1 polzada

- 1 llauna (14,5 oz) de tomàquets amb suc

- 1 1/2 tassa de brou de pollastre

- 8 unces de botifarra fumada totalment cuita, a rodanxes

- 1/2 a 1 tassa de pernil cuit a daus

- 1 tassa de ceba picada

- 1 llauna (6 oz) de pasta de tomàquet

- 1/4 tassa d'aigua

- 1 1/2 culleradetes de condiment crioll

- unes gotes de Tabasco o una altra salsa de xili

- 2 tasses d'arròs instantani, cru •

- 1 tassa de pebrot verd picat

PREPARACIÓ

1. Combina el pollastre, els tomàquets, el brou, la salsitxa, el pernil, la ceba, la pasta de tomàquet, l'aigua, el condiment i la salsa tabasco a la cuina lenta. Cobrir i coure a BAIX durant 5-6 hores.

2. Afegiu l'arròs• i el pebrot verd a la cassola i deixeu-ho coure 10 minuts més, o fins que l'arròs estigui tendre i s'absorbeixi la major part del líquid.

3. Si ho desitja, cuina 1 1/2 tassa d'arròs de gra llarg normal i serveix amb la barreja de pollastre.

4. Serveis 6.

Pollastre d'herbes crockpot amb farcit

INGREDIENTS

- 1 llauna (10 1/2 unces) de crema de pollastre amb sopa d'herbes
- 1 llauna (10 1/2 unces) de crema d'api o crema de sopa de pollastre
- 1/2 got de vi blanc sec o brou de pollastre
- 1 culleradeta de flocs de julivert sec
- 1 culleradeta de fulles de farigola seca, esmicolada
- 1/2 culleradeta de sal
- Un polsim de pebre negre
- De 2 a 2 1/2 tasses de molles de farciment condimentades, unes 6 unces, dividides
- 4 cullerades de mantega, dividides
- De 6 a 8 pits de pollastre desossats i sense pell

PREPARACIÓ

1. Combina les sopes, el vi o el brou, el julivert, la farigola, la sal i el pebre.

2. Rentar el pollastre i assecar-lo.

3. Unteu lleugerament un insert de cuina lenta de 5 a 7 quarts.

4. Espolseu aproximadament 1/2 tassa de molles de farcit a la part inferior de l'estufa i regeix amb aproximadament 1 cullerada de mantega.

5. A sobre amb la meitat del pollastre, després la meitat de les molles de farciment restants. Ruixeu amb la meitat de la mantega restant i aboqueu-hi la meitat de la barreja de sopa.

6. Repetiu amb el pollastre restant, les molles de farcit, la mantega i la barreja de sopa.

7. Tapeu i cuini a BAIX durant 5-7 hores o fins que el pollastre estigui cuit.

Serveix de 6 a 8.

Pollastre d'herbes crockpot amb farcit

INGREDIENTS

- 1 llauna (10 1/2 unces) de crema de pollastre amb sopa d'herbes

- 1 llauna (10 1/2 unces) de crema d'api o crema de sopa de pollastre

- 1/2 got de vi blanc sec o brou de pollastre

- 1 culleradeta de flocs de julivert sec

- 1 culleradeta de fulles de farigola seca, esmicolada

- 1/2 culleradeta de sal

- Un polsim de pebre negre

- De 2 a 2 1/2 tasses de molles de farciment condimentades, unes 6 unces, dividides

- 4 cullerades de mantega, dividides

- De 6 a 8 pits de pollastre desossats i sense pell

PREPARACIÓ

1. Combina les sopes, el vi o el brou, el julivert, la farigola, la sal i el pebre.

2. Rentar el pollastre i assecar-lo.

3. Unteu lleugerament una inserció de cuina lenta de 5-7 quarts.

4. Espolseu aproximadament 1/2 tassa de molles de farcit a la part inferior de l'estufa i regeix amb aproximadament 1 cullerada de mantega.

5. A sobre amb la meitat del pollastre, després la meitat de les molles de farciment restants. Ruixeu amb la meitat de la mantega restant i aboqueu-hi la meitat de la barreja de sopa.

1. Repetiu amb el pollastre restant, les molles de farcit, la mantega i la barreja de sopa.

2. Tapeu i cuini a BAIX durant 5-7 hores o fins que el pollastre estigui cuit.

Serveix de 6 a 8.

Pollastre Crockpot a l'estil italià

INGREDIENTS

- 4 lliures de trossos de pollastre

- 3 cullerades d'oli d'oliva

- 2 cebes, tallades a rodanxes

- 1 culleradeta de sal

- 1/2 culleradeta de pebre recent mòlt

- 2 tiges d'api, tallades a trossos petits

- 2 tasses de patates tallades a daus

- 1 llauna (14,5 oz) de tomàquets a daus, sense escórrer

- 1 culleradeta de fulles d'orenga seques

- 1 cullerada de flocs de julivert sec

- 1 tassa de pèsols congelats, descongelats

PREPARACIÓ

1. Daurar les parts de pollastre amb oli calent. Afegiu-hi sal, pebre i ceba i deixeu-ho coure 5 minuts més. Col·loqueu l'api i les patates al fons de la cocció lenta i afegiu-hi el pollastre, les cebes i els tomàquets sofregits amb suc, orenga i julivert. Tapar i coure a foc lent durant 6-8 hores. Afegiu els pèsols en els últims 30 minuts.

2. Serveis 6.

Crock Pot Fesols de Lima amb pollastre

INGREDIENTS

- Trossos de pollastre de 3 a 4 lliures
- sal i pebre
- 1 cullerada d'oli vegetal
- 2 patates grans, tallades a daus d'1 polzada
- 1 paquet de mongetes congelades, descongelades
- 1 tassa de brou de pollastre
- 1/4 culleradeta de fulles de farigola seca, esmicolada

PREPARACIÓ

1. Condimenteu el pollastre amb sal i pebre. Escalfeu l'oli i la mantega en una paella gran; fregiu el pollastre fins que estigui daurat pels dos costats. Col·loqueu el pollastre a la cassola amb la resta dels ingredients. Tapa i cuini a foc lent durant 4-6 hores, fins que el pollastre estigui tendre.

2. Serveis 4.

Crockpot Pasta and Cheese Delight

INGREDIENTS

- 1 pot de salsa Alfredo

- 1 llauna de sopa saludable de bolets a petició

- 1 llauna (7 oz) d'albacora o pollastre, escorregut, o utilitzar restes de pollastre o vedella cuit

- 1/4 culleradeta de curri en pols

- 1 a 1 1/2 tasses de verdures barrejades congelades

- 1 1/2 tassa de formatge suís ratllat

- 4 tasses de pasta cuita (macarrons, papillons, closques)

PREPARACIÓ

1. Combina els 5 primers ingredients; tapar i coure 4-5 hores a BAIX. Afegiu el formatge suís a la barreja durant l'última hora. Cuini la pasta segons les instruccions del paquet; escórrer i afegir a la cuina lenta. Això seria igual de bo amb pollastre cuit o en conserva, pernil sobrant o simplement afegir verdures addicionals!

2. Serveis 4.

Crockpot de pollastre farcit de Debbie

INGREDIENTS

- 1 paquet de barreja de farciment condimentat amb herbes, preparat
- De 4 a 6 pits de pollastre desossats o cuixes sense pell •
- 1 llauna (10 3/4 unces) de crema condensada de sopa de pollastre, sense diluir
- 1 llauna (de 3 a 4 unces o més) de bolets a rodanxes, escorreguts

PREPARACIÓ

1. Unteu la part inferior i els costats de l'insert de vaixella de l'olla de cocció lenta.

2. Prepareu el farcit envasat (o casolà) amb mantega i líquid tal com s'indica a l'envàs.

3. Col·loqueu el farcit preparat a la part inferior de l'olla de cocció lenta untada.

4. Col·loqueu els trossos de pollastre a sobre del farcit. El pollastre es pot solapar, però intenta organitzar el mínim possible. Si hi ha lloc, podeu utilitzar més pollastre.

5. Aboqui la crema condensada de sopa de pollastre sobre el pollastre. També pots fer servir crema de bolets o crema d'api, com prefereixis.

Completa amb els bolets. Assegureu-vos de barrejar una mica els bolets perquè quedin coberts a la sopa.

6. Tapar i coure a foc lent durant 5-7 hores.

7. •Els pits de pollastre tendeixen a assecar-se després d'un llarg temps de cocció, així que primer comproveu-los. Les cuixes són més grasses que els pits de pollastre, de manera que poden trigar més a cuinar-se.

El rei del pollastre de Diana

INGREDIENTS

- 1 1/2 a 2 lliures de pollastre desossat
- 1 a 1 1/2 tasses de pastanagues tallades a bastonets
- 1 manat de ceba verde (ceba primavera) tallada a trossos d'1/2 polzada
- 1 pot Kraft de pebre o formatge crema d'oliva per untar (5 unces)
- 1 llauna de sopa de pollastre sense greixos al 98%.
- 2 cullerades de xerès sec (opcional)
- Sal i pebre al gust

PREPARACIÓ

1. Col·loqueu tots els ingredients a l'olla de cocció lenta/olla (3 1/2 quarts o més) en l'ordre indicat; barrejar per combinar. Tapar i coure a foc lent durant 7-9 hores. Serviu sobre arròs, pa torrat o galetes.

2. Serveix de 6 a 8.

Anet de pollastre amb verdures

INGREDIENTS

- 1 a 1 1/2 lliures de nuggets de pollastre, tallats a trossos d'1 polzada
- 1 cullerada de ceba seca picada (o ceba petita, picada)
- 1 llauna de sopa de bolets normal o reduïda amb un 98% de greix
- 1 paquet (1 oz) de salsa de bolets (podeu substituir la salsa de pollastre o de país)
- 1 tassa de pastanagues infantils
- 1/2 a 1 culleradeta d'anet
- sal i pebre aromatitzats al gust
- 1 tassa de pèsols congelats

PREPARACIÓ

1. Combina els primers 7 ingredients a la cuina lenta/Crock Pot; tapar i coure a foc lent durant 6-8 hores. Afegiu els pèsols congelats en els últims 30-45 minuts. Serviu amb arròs o puré de patates.

2. Serveis 4.

Don's pollastre agredolç

INGREDIENTS

- De 2 a 4 pits de pollastre sense pell
- 1 ceba gran tallada a trossets
- 2 pebrots picats (un de verd i un de vermell)
- 1 tassa de floretes de bròquil
- 1/2 tassa de trossos de pastanaga
- 1 llauna gran de trossos de pinya (escórrer i CONSERVAR el suc)
- 1/4-1/2 tassa de sucre moreno (pot utilitzar sucre normal)
- Aigua/vi/suc de raïm blanc/suc de taronja, etc. segons sigui necessari per a líquid addicional
- 1 cullerada de maizena per cada tassa de líquid que rebeu
- salsa picant al gust, opcional
- sal i pebre al gust, opcional
- canyella, opcional
- pebre de Jamaica, opcional
- clau, opcional
- curri en pols, opcional

PREPARACIÓ

1. Col·loqueu els pits de pollastre en una olla de cocció lenta o olla. Afegiu-hi la ceba, els pebrots, el bròquil i les pastanagues i bateu fins que quedi ben barrejat, sense grumolls de sucre, líquids, espècies, maizena i sucre. Abocar sobre el pollastre. Si no hi ha prou suc, afegiu-hi el líquid que trieu per portar-lo al nivell desitjat. (RECORDA TAMBI TANTO: per cada tassa de líquid addicional, afegiu una altra cullerada de maizena abans d'abocar-lo a la cuina lenta).

2. Tapar i coure de 6 a 8 hores a BAIX. De vegades modifico la recepta, utilitzant còctels de fruites i una mica menys de sucre, conserves de pinya o albercoc o fins i tot melmelada de taronja. (no necessiteu maizena quan utilitzeu conserves, ni sucre, per descomptat. Feu servir la vostra imaginació. Recordeu que l'agredolç és bàsicament un suc de fruita i vinagre.

Pollastre amb formatge de cuina lenta fàcil

INGREDIENTS

- 6 meitats de pit de pollastre desossats i sense pell
- Sal i pebre al gust
- all en pols, al gust
- 2 llaunes de crema condensada de sopa de pollastre
- 1 llauna de sopa de formatge cheddar condensat

PREPARACIÓ

1. Esbandida el pollastre i espolvora amb sal, pebre i all en pols. Incorporeu-hi la sopa sense diluir i aboqueu-hi el pollastre en una cassola.

2. Tapar i coure a baixa velocitat de 6 a 8 hores.

3. Servir sobre arròs o fideus.

4. Serveis 6.

Cacciatore de pollastre fàcil

INGREDIENTS

- 1 pollastre, tallat, de 3 a 3 1/2 lliures
- 1 pot de salsa d'espaguetis
- ceba picada
- bolets a rodanxes
- pebrot verd picat
- sal i pebre
- pebrot a trossos

PREPARACIÓ

1. Col·loqueu un pollastre tallat sencer (entre 3 i 3 1/2 lliures) a l'olla de cocció lenta/olla. Col·loqueu en un pot de salsa d'espaguetis, unes cebes picades, els bolets i els pebrots verds. Sal i pebre al gust. (També faig servir aquests petits flocs de pebrot vermell.)

2. Cuinar tot el dia a baixa temperatura (de 7 a 9 hores). Serviu sobre fideus o espaguetis.

Salsa de pasta de pollastre fàcil

INGREDIENTS

- 1 lliura de filets de pollastre o pits de pollastre, a daus

- 1 llauna (15 oz) de tomàquets, tallats a daus

- 1 llauna petita (6 oz) de pasta de tomàquet

- 1 tija d'api, tallada a rodanxes

- 1/4 tassa de ceba picada

- 1/2 tassa de pastanagues picades o triturades, en conserva o cuites fins que estiguin lleugerament tendres

- 1/2 culleradeta d'orenga

- 1/2 culleradeta de sal

- 1/4 culleradeta de pebre

- 1/2 culleradeta d'all en pols

- una mica de sucre o un altre edulcorant (opcional o al gust)

PREPARACIÓ

1. Combina tots els ingredients en una olla de cocció lenta o olla. Tapar i coure a foc lent durant 6-8 hores. Tasteu i ajusteu els condiments uns 30 minuts abans de servir i afegiu-hi una mica d'aigua per diluir-lo, si cal. Serviu aquesta recepta fàcil de salsa de pollastre sobre espaguetis, fettuccine o una altra pasta.

2. Aquesta recepta fàcil de pollastre serveix per a 4.

Pollastre Fàcil Amb Ametlles

INGREDIENTS

- De 4 a 6 pits de pollastre, rentats, sense pell

- 1 llauna (10 3/4 oz) de crema de sopa de pollastre

- 1 cullerada de suc de llimona

- 1/3 tassa de maionesa

- 1/2 tassa d'api tallat a rodanxes fines

- 1/4 tassa de ceba picada finament

- 1/4 tassa de pebrot vermell triturat escorregut

- 1/2 tassa d'ametlla en escates o a rodanxes

- julivert fresc picat, opcional

PREPARACIÓ

1. Col·loqueu els pits de pollastre al fons de la cocció lenta. En un bol, combineu la sopa, el suc de llimona, la maionesa, l'api, la ceba i els flocs de pebrot vermell; abocar sobre els pits de pollastre. Tapa i cuini a foc lent, de 5 a 7 hores, fins que el pollastre estigui tendre (les meitats de pit de pollastre amb desos trigaran menys temps que amb desos). Transferiu els pits de pollastre a un plat i aboqueu-hi el suc. Damunt amb una mica d'ametlla i julivert, si ho desitja.

2. Serviu amb arròs cuit calent i bròquil al vapor.

3. Serveix de 4 a 6.

Cassoulet Easy Crockpot

INGREDIENTS

- 1 cullerada d'oli d'oliva verge extra
- 1 ceba gran, picada finament
- 4 cuixes de pollastre desossades i sense pell, picades gruixudes
- 1/4 de lliura de botifarra fumada cuita, com la kielbasa o l'andouille més calenta, tallada a daus
- 3 grans d'all, picats
- 1 culleradeta de fulles de farigola seca
- 1/2 culleradeta de pebre negre
- 4 cullerades de pasta de tomàquet
- 2 cullerades d'aigua
- 3 llaunes (unes 15 unces cadascuna) de grans del nord, esbandides i escorregudes
- 3 cullerades de julivert fresc picat

PREPARACIÓ

1. Escalfeu l'oli d'oliva en una paella gran a foc mitjà.

2. Afegiu la ceba a l'oli calent i deixeu-ho coure, remenant, fins que la ceba estigui tendra, uns 4 minuts.

3. Incorporeu-hi el pollastre, la botifarra, l'all, la farigola i el pebre. Coure al forn de 5 a 8 minuts, o fins que el pollastre i la salsitxa estiguin daurats.

4. Incorporar la pasta de tomàquet i l'aigua; transferir a una olla de cocció lenta. Incorporeu les mongetes grans a la barreja de pollastre; tapar i coure a BAIX durant 4-6 hores.

5. Abans de servir, empolvoreu la cassoleta amb el julivert picat.

6. Serveis 6.

Cindy's Easy Crockpot Chicken Santa Fe

INGREDIENTS

- 1 llauna (15 oz) de mongetes negres, esbandides i escorregudes
- 2 llaunes (15 oz) de blat de moro sencer, escorregudes
- 1 tassa de salsa embotellada gruixuda i gruixuda, la teva preferida
- 5 o 6 meitats de pit de pollastre sense pell i desossats (uns 2 lliures)
- 1 tassa de formatge cheddar ratllat

PREPARACIÓ

1. En una olla de cocció lenta de 3 1/2 a 5 quarts, remeneu les mongetes negres, el blat de moro i 1/2 tassa de salsa.

2. Aboqueu-hi els pits de pollastre i aboqueu la 1/2 tassa de salsa restant sobre el pollastre. Tapa i cuini a ALTA durant 2 1/2-3 hores, o fins que el pollastre estigui tendre i completament blanc. No cuini massa o el pollastre estarà sec.

3. Espolseu formatge per sobre; tapar i coure fins que el formatge es fongui, uns 5 a 15 minuts.

4. Serveis 6.

Pollastre rostit fàcil de Geoff amb salsa

INGREDIENTS

- 1 pollastre, rostit
- sal i pebre

PREPARACIÓ

1. Simplement netegem el pollastre, el rentem i el posem a l'olla. Afegiu-hi una mica de sal i una mica de pebre. Deixar unes 6 hores a màxim.

2. Quan traiem el producte acabat escorrem el suc restant en una tassa, tapem amb paper d'alumini i ho posem al congelador durant aproximadament mitja hora. Això solidifica tot el greix a la part superior de la tassa. Raspa aquest i el brou restant l'afegim a la salsa.

Pollastre amb pinya al gingebre

INGREDIENTS

- 4-5 pits de pollastre desossats, en daus (aproximadament 3/4 de polzada)
- 1 manat de cebes verdes, amb unes 3 polzades de verdures a rodanxes d'1/2 polzada
- 1 llauna (8 oz) de pinya triturada, sense escórrer
- 1 cullerada de gingebre cristal·litzat ben picat
- 2 cullerades de suc de llimona
- 2 cullerades de salsa de soja (baixa en sodi)
- 3 cullerades de sucre de canya o mel
- 1/2 culleradeta d'all en pols

PREPARACIÓ

1. Combina tots els ingredients a la cuina lenta; tapar i coure a foc lent durant 6-8 hores. Serviu sobre arròs o fideus plans.

2. Serveis 4.

pollastre grec

INGREDIENTS

- De 4 a 6 pits de pollastre sense pell
- 1 litre. llauna (15 oz) de salsa de tomàquet
- 1 llauna (14,5 oz) de tomàquets a daus amb suc
- 1 llauna de bolets a rodanxes
- 1 llauna (4 unces) d'olives madures a rodanxes
- 2 grans d'all, picats
- 1 cullerada. suc de llimona
- 1 culleradeta. fulles d'orenga seques
- 1/2 tassa de ceba picada
- 1/2 seg. vi blanc sec (opcional)
- 2 tasses d'arròs cuit calent
- Sal al gust

PREPARACIÓ

1. Rentar el pollastre i assecar-lo. Coure al forn a 350° durant uns 30 minuts. Mentrestant, combineu tots els altres ingredients (excepte l'arròs). Talleu el pollastre a daus i afegiu-lo a la salsa; tapar i coure a foc lent durant 4 o 5 hores. Serviu el pollastre i la salsa amb l'arròs cuit calent.

2. Serveis de 4 a 6.

Escuradents hawaians

INGREDIENTS

- 12 potes de pollastre
- 1 tassa de ketchup
- 1 tassa de sucre moreno envasat
- 1/2 tassa de salsa de soja
- gingebre fresc ratllat, 1 cullerada
- un raig d'oli de llavors de sèsam

PREPARACIÓ

1. Tapem i coem a foc lent unes 8 hores. Servir sobre arròs blanc.

2. Hahaha!

3. Recepta de cuixes de pollastre compartida per LeRoy i Nitz Dawg!

Pollastre a les Herbes amb Verdures
INGREDIENTS

- Trossos de pollastre de 3 a 4 lliures
- 1 1/2 o 2 tasses de cebes petites senceres congelades o en conserva i escorregudes
- 2 tasses de pastanagues senceres
- 2 patates mitjanes, tallades a trossos d'1 polzada
- 1 1/2 tassa de brou de pollastre
- 2 tiges mitjanes d'api, tallades a trossos de 2 polzades
- 2 llesques de cansalada, tallades a daus
- 1 fulla de llorer
- 1/4 culleradeta de farigola seca
- 1/4 culleradeta de pebre negre
- 1/4 tassa de julivert fresc picat
- 2 cullerades d'estragó fresc, picat o 1 culleradeta d'estragó sec
- 1 culleradeta de ratlladura de llimona ratllada
- 2 cullerades de suc de llimona fresc
- 1/2 culleradeta de sal, o al gust

PREPARACIÓ

1. A la cuina lenta, combineu el pollastre, les cebes, les pastanagues, les patates, el brou, l'api, la cansalada, les fulles de llorer, la farigola i el pebrot. Poseu-ho a foc baix i cuini de 8 a 10 hores.

2. Deixar de banda.

3. Traieu el pollastre i les verdures a un plat escalfat, amb una cullera ranurada. Cobrir amb film i mantenir calent. Escórrer i eliminar l'excés de greix. Incorporeu-hi el julivert, l'estragó, la ratlladura de llimona i el suc, juntament amb sal al gust; cullereu sobre el pollastre i les verdures.

Pollastre a les herbes amb arròs salvatge

INGREDIENTS

- 1 a 1 1/2 lliures de nuggets de pollastre o meitats de pit de pollastre desossades

- De 6 a 8 unces de bolets a rodanxes

- 1 cullerada d'oli vegetal

- 2 o 3 llesques de cansalada esmicolada o 2 cullerades de trossos de cansalada real

- 1 culleradeta de mantega

- 1 caixa (6 oz.) Uncle Bens (sabor de pollastre) de gra llarg i arròs salvatge

- 1 llauna de brou de pollastre a la crema, herba o natural

- 1 tassa d'aigua

- 1 culleradeta de barreja d'herbes, com ara fines herbes o una barreja dels vostres preferits; julivert, farigola, estragó, etc.

PREPARACIÓ

1. Sofregiu els trossos de pollastre i els bolets amb oli i mantega fins que el pollastre estigui lleugerament daurat. Col·loqueu la cansalada al fons d'una olla de cuina lenta de 3 1/2 a 5 quarts. Poseu l'arròs a sobre de la cansalada. Llibre paquet de condiments. Col·loqueu els tendres de pollastre a l'arròs; si feu servir pits de pollastre, talleu-los a tires o daus. Aboqueu la sopa sobre el pollastre, després afegiu-hi l'aigua. Aboqueu-hi els ingredients i empolseu-ho amb la barreja d'herbes. Tapa i cuini a BAIX durant 5 1/2 - 6 1/2 hores, o fins que l'arròs estigui tendre (no suau).

2. Serveis de 4 a 6.

Pollastre amb mel i gingebre

INGREDIENTS

- 3 lliures de pit de pollastre sense pell
- 1 1/4 polzada d'arrel de gingebre fresc, pelat i picat finament
- 2 grans d'all, picats
- 1/2 tassa de salsa de soja
- 1/2 tassa de mel
- 3 cullerades de xerès sec
- 2 cullerades de maizena barrejades amb 2 cullerades d'aigua

PREPARACIÓ

1. Combina el gingebre, l'all, la salsa de soja, la mel i el xerès en un bol petit. Submergeix els trossos de pollastre a la salsa; posar els trossos de pollastre en una olla de cocció lenta; aboqueu la salsa restant per sobre de tot. Tapar i coure a BAIX durant 6 hores aproximadament.

2. Traieu el pollastre del plat de servir calent i aboqueu els líquids a la paella o a la paella. Porteu a ebullició i continueu cuinant a foc lent de 3 a 4 minuts per reduir una mica. Batre la maizena a la barreja de salsa.

3. Coure a foc lent fins que espesseixi. Aboqueu una mica de salsa sobre el pollastre i tritureu la resta.

4. Serviu el pollastre amb arròs calent.

Pollastre a la planxa amb mel i moniatos

INGREDIENTS

- 3 tasses de moniatos pelats i tallats a rodanxes, unes 2 moniatos mitjans a grans

- 1 llauna (8 oz) de trossos de pinya en suc, sense escórrer

- 1/2 tassa de brou de pollastre

- 1/4 tassa de ceba picada finament

- 1/2 culleradeta de gingebre mòlt

- 1/3 tassa de salsa barbacoa, la teva preferida

- 2 cullerades de mel

- 1/2 culleradeta de mostassa seca

- De 4 a 6 quarts de cuixa de pollastre (cuixes amb cuixes, pell sense pell

PREPARACIÓ

1. En una olla de cocció lenta de 3 1/2 a 5 quarts, combineu els moniatos, la pinya amb el suc, el brou de pollastre, la ceba picada i el gingebre mòlt; remenar per barrejar bé. En un bol petit, combineu la salsa barbacoa, la mel i la mostassa seca; remenar per barrejar bé. Cobriu el pollastre generosament per tots els costats amb la salsa barbacoa. Col·loqueu el pollastre recobert en una sola capa a sobre de la barreja de moniato i pinya, superposant-lo si cal. Aboqui la resta de la barreja de salsa barbacoa sobre el pollastre.

2. Cobertura; Cuini a foc lent de 7 a 9 hores o fins que el pollastre estigui tendre i els sucs estiguin clars i els moniatos estiguin tendres.

3. Serveix de 4 a 6.

Pollastre Hoisin a la mel

INGREDIENTS

- Parts de pollastre de 2 a 3 lliures (o pollastre sencer, tallat)
- 2 cullerades de salsa de soja
- 2 cullerades de salsa hoisin
- 2 cullerades de mel
- 2 cullerades de vi blanc sec
- 1 cullerada d'arrel de gingebre ratllada o 1 culleradeta de gingebre mòlt
- 1/8 culleradeta de pebre negre mòlt
- 2 cullerades de midó de blat de moro
- 2 cullerades d'aigua

PREPARACIÓ

1. Rentar el pollastre i assecar-lo; col·loqueu a la part inferior de la cuina lenta.

2. Combina la salsa de soja, la salsa hoisin, la mel, el vi, el gingebre i el pebre. Aboqueu la salsa sobre el pollastre.

3. Tapar i coure a foc lent unes 5 1/2-8 hores, o fins que el pollastre estigui tendre i els sucs estiguin clars.

4. Barreja la maizena i l'aigua.

5. Traieu el pollastre de la cuina lenta; Enceneu-ho a alt i afegiu-hi la barreja de maizena-aigua.

6. Continueu cuinant fins que espesseixi i afegiu el pollastre a l'olla de cocció lenta perquè s'escalfi.

Pollastre italià

INGREDIENTS

- 4 pits de pollastre, desossats, tallats a trossos
- 1 - 16 oz. llauna de tomàquets, picats
- 1 pebrot verd dolç gran, tallat a daus
- 1 ceba petita per coure, tallada a daus
- 1 branca mitjana d'api, tallada a daus
- 1 pastanaga mitjana, pelada i tallada a daus
- 1 fulla de llorer
- 1 culleradeta d'orenga seca
- 1 culleradeta d'alfàbrega seca
- 1/2 culleradeta de farigola seca, opcional
- 2 grans d'all, picats; O 2 culleradetes. All en pols
- 1/2 culleradeta de sal
- 1/2 culleradeta de flocs de pebre vermell, o al gust
- 1/2 tassa de formatge romà o parmesà ratllat

PREPARACIÓ

1. Combina tots els ingredients, excepte el formatge ratllat, a l'olla de cocció lenta.

2. Tapar i coure a foc lent durant 6-8 hores. Retireu la fulla de llorer i empolseu-ho amb formatge ratllat abans de servir.

3. Bona amb arròs o pasta

Pollastre a l'estil italià en crockpot

INGREDIENTS

- 1 lliura de cuixes de pollastre desossades, sense pell, o 4 quarts de cuixa de pollastre, sense pell

- 1/2 tassa de ceba picada

- 1/2 tassa d'olives madures tallades a rodanxes

- 1 llauna (14,5 oz) de tomàquets a daus, sense escórrer

- 1 culleradeta de fulles d'orenga seques

- 1/2 culleradeta de sal

- 1/2 culleradeta de romaní sec, esmicolat

- un polsim de fulles de farigola seca

- 1/4 culleradeta d'all en pols

- 1/4 tassa d'aigua freda o brou de pollastre

- 1 cullerada de midó de blat de moro

PREPARACIÓ

1. Col·loqueu de 3 1/2 a 5 quarts de pollastre a la cuina lenta. Completa amb la ceba picada i les olives tallades a rodanxes. Combina els tomàquets amb l'orenga, la sal, el romaní, la farigola i l'all en pols. Aboqueu la barreja de tomàquet sobre el pollastre. Tapa i cuini a BAIX durant 7-9 hores, o fins que el pollastre estigui tendre i els sucs surtin clars. Amb una cullera ranurada, traieu el pollastre i les verdures a una safata calenta. Cobrir amb film i mantenir calent. Aixequeu l'olla a ALTA.

2. En una tassa o bol petit, combineu l'aigua o el brou i la maizena; barrejar fins que estigui suau. Incorporeu els líquids a la cassola. Tapar i coure fins que espesseixi. Serviu la salsa espessa amb el pollastre.

3. Serveis 4.

Pollastre a l'italià amb espaguetis, cuina lenta

INGREDIENTS

- 1 llauna (8 oz) de salsa de tomàquet
- De 6 a 8 pits de pollastre desossats i sense pell
- 1 llauna (6 oz) de pasta de tomàquet
- 3 cullerades d'aigua
- 3 grans d'all mitjans, picats
- 2 culleradetes de fulles d'orenga seques, picades
- 1 culleradeta de sucre, o al gust
- espaguetis cuits calents
- 4 unces de mozzarella ratllada
- formatge parmesà ratllat

PREPARACIÓ

1. Si ho desitja, daura el pollastre amb oli calent; desguàs. Espolvorear generosament amb sal i pebre. Col·loqueu el pollastre en una olla de cocció lenta. Combina la salsa de tomàquet, la pasta de tomàquet, l'aigua, l'all, l'orenga i el sucre; abocar sobre el pollastre. Tapar i coure a BAIX durant 6-8 hores. Traieu el pollastre i manteniu-lo calent. Enceneu el foc a foc fort, remeneu la mozzarella a la salsa. Cuini sense tapar fins que el formatge es fongui i la salsa s'escalfi.
2. Serviu el pollastre i la salsa sobre els espaguetis cuits calents. Serviu amb parmesà.
3. Serveix de 6 a 8.

Pollastre lleuger Stroganoff

INGREDIENTS

-
1 tassa de crema agra sense greix

- 1 cullerada de farina multiusos Gold Metal Gold

- 1 bossa de salsa de pollastre (uns 30 grams)

- 1 tassa d'aigua

- 1 lliura de pit de pollastre desossat i sense pell, tallat a trossos d'1 polzada

- 16 oz de verdures mixtes de Califòrnia congelades, descongelades

- 1 tassa de bolets a rodanxes, saltejats

- 1 tassa de pèsols congelats

- 10 unces de patates, pelades i tallades a trossos d'1 polzada, unes 2 patates mitjanes, pelades

- 1 1/2 tasses de barreja de galetes Bisquick

- 4 cebes verdes, picades (1/3 tassa)

-
1/2 tassa de llet desnatada a l'1%.

PREPARACIÓ

1. Remeneu la crema agra, la farina, la barreja de salsa i l'aigua en una olla de 3-1/2 a 5 quart fins que estigui suau. Barregeu el pollastre, les verdures i els bolets. Tapa i cuini a foc lent durant 4 hores o fins que el pollastre estigui tendre i la salsa s'hagi espessat. Combina els pèsols. Incorporeu la barreja de cocció i les cebes. Incorporeu-hi la llet fins que estigui humida. Aboqueu la massa amb cullerades arrodonides sobre les barreges de pollastre i verdures. Tapeu i deixeu coure a foc fort durant 45 a 50 minuts o fins que un escuradents introduït al centre de les boles de massa surti net.
2. Serviu 4 porcions immediatament.

Pollastre a la cuina lenta de Lilly amb salsa de formatge

INGREDIENTS

- 6 meitats de pit de pollastre desossats i sense pell
- 2 llaunes de crema de sopa de pollastre
- 1 llauna de sopa de formatge
- sal, pebre, all en pols al gust

PREPARACIÓ

1. Espolvorear els pits de pollastre amb all en pols, sal i pebre.
2. Col·loqueu 3 pits de pollastre a la cuina lenta. Combina totes les sopes; aboqueu la meitat de la sopa sobre els 3 pits de pollastre superiors.
3. Col·loqueu els 3 pits de pollastre restants a sobre. Aboqueu-hi la sopa restant.
4. Tapar i coure a BAIX durant 6-8 hores.

Pits de pollastre mexicà

INGREDIENTS

- 2 cullerades d'oli vegetal
- 3-4 pits de pollastre desossats i sense pell, tallats a trossos d'1 polzada
- 1/2 tassa de ceba picada
- 1 pebrot verd (o utilitzar un pebrot vermell)
- 1 o 2 pebrots jalapeños petits, tallats finament
- 3 grans d'all, picats
- 1 llauna (4 unces) de pebrot dolç, picat
- 1 llauna (14 1/2 unces) de tomàquets mexicans, xili o rostits a daus
- 1 culleradeta de fulles d'orenga seques
- 1/4 culleradeta de comí mòlt
- formatge mexicà ratllat barrejat
- salsa

Guarniments opcionals

- crema agra
- guacamole
- ceba verda a rodanxes
- tomàquets a daus
- enciam picat

- olives madures a rodanxes
-

coriandre

PREPARACIÓ

1. Escalfeu l'oli en una paella gran a foc mitjà. Pits de pollastre marrons. Retirar i escórrer.
2. A la mateixa paella, sofregiu la ceba, el pebrot verd, l'all i el pebrot jalapeño fins que estiguin tendres.
3. Col·loqueu la barreja de pits de pollastre i ceba a la cuina lenta.
4. Afegiu xiles suaus, tomàquets, orenga i comí a la cuina lenta; barrejar per combinar.

5. Tapa i cuini a BAIX 6-8 hores (ALTA 3-4 hores).
6. Serviu-lo amb truites de farina tèbia, formatge ratllat i salsa, juntament amb els vostres ingredients preferits.
7. El guacamole o la crema agra farien una bona cobertura amb ceba verda a rodanxes o tomàquet a daus.

Pollastre amb porros de Paula

INGREDIENTS

- 3-4 lliures de peces de pollastre, sense os
- De 4 a 6 patates, tallades a rodanxes d'uns 1/4 de polzada de gruix
- 1 paquet de sopa de porros
- 1 porro a rodanxes fines o 4 cebes verdes a rodanxes
- 1/2 a 1 tassa d'aigua
- pebre vermell
- Condiments •

PREPARACIÓ

1. Col·loqueu les patates al fons de l'olla de cocció lenta/olla, afegiu-hi la ceba o el porro i, a continuació, afegiu-hi el pollastre. (Si aneu a tenir diverses capes de pollastre, sal i pebre mentre les tireu. No condimenteu encara la capa superior.) Barregeu la sopa de porros amb aproximadament 1/2 tassa d'aigua; abocar per sobre de tot. Condimenteu la capa superior de pollastre. Arribats a aquest punt també ruixo amb pebre vermell per donar-li color.

• Si voleu, afegiu-hi una mica d'all picat i una mica de romaní fresc per condimentar.

Cuini a foc lent durant 6-7 hores, afegint més aigua si cal.

Salsa de barbacoa

- 1 1/2 tassa de ketchup

- 4 cullerades de mantega

- 1/2 tassa de Jack Daniels o un altre whisky de bona qualitat

- 5 cullerades de sucre de canya

- 3 cullerades de melassa

- 3 cullerades de vinagre de sidra

- 2 cullerades de salsa Worcestershire

- 1 cullerada de salsa de soja

- 4 culleradetes de mostassa a l'estil de Dijon o una mostassa gourmet

- 2 culleradetes de fum líquid

- 1 1/2 culleradeta de ceba en pols

- 1 culleradeta d'all en pols

- 1 cullerada de sriracha, o més, al gust (pot substituir aproximadament 1 culleradeta escassa de pebre de caiena)

-

1/2 culleradeta de pebre negre mòlt

PREPARACIÓ

1. Folreu 2 làmines de forn amb vora amb paper d'alumini; ruixeu amb esprai de cuina antiadherent. Escalfeu el forn a 425°.
2. Llenceu les bombons amb una barreja de farina, 1 culleradeta de sal i 1/2 culleradeta de pebre.

3. Col·locar en safates i coure durant 20 minuts. Gireu els bidons i torneu-los a posar al forn. Coure al forn durant 20 minuts més, o fins que estigui ben daurat.
4. Mentrestant, poseu tots els ingredients de la salsa en una cassola mitjana; barrejar bé i portar a ebullició a foc mitjà.
5. Reduir el foc i coure a foc lent durant 5 minuts.
6. Transferiu les timbales a un bol o una olla de cocció lenta (si les manteniu calentes per a una festa). Ruixeu amb aproximadament la meitat de la salsa barbacoa. Serviu immediatament amb la salsa o gireu la cocció lenta a BAIX per mantenir-los calents. Si no la serveix immediatament, refrigereu la salsa restant fins que estigui llesta per servir.
7. Serviu el tambor calent amb la salsa d'immersió. Teniu molts tovallons a mà.
8. Aquesta recepta fa unes 3 dotzenes de peces, suficients per a 6-8 persones com a aperitiu.

Pollastre i boletes de Sherri

INGREDIENTS

- 4 meitats de pit de pollastre
- 2 llaunes de brou de pollastre (3 1/2 tasses)
- 1 tassa d'aigua
- 3 daus de brou de pollastre o base equivalent o grànuls
- 1 pastanaga petita, picada
- 1 tija petita d'api, picada
- 1/2 tassa de ceba picada
-

12 truites grans de farina

PREPARACIÓ

1. Combina tots els ingredients a la cuina lenta, excepte les truites. Cuini a velocitat baixa durant 8 a 10 hores. Retireu el pollastre i traieu la carn dels ossos, després poseu el brou al foc en una olla gran. Talleu el pollastre a trossos d'una mossegada i torneu-lo al brou al foc. Porteu a ebullició lent.
2. Talleu les truites per la meitat i després a tires d'1 polzada. Poseu les tires al brou bullint i deixeu-ho coure a foc lent durant 15-20 minuts, remenant de tant en tant. El brou s'ha d'espessir, però si es mou massa, combineu 1 cullerada de maizena amb l'aigua suficient per dissoldre's i remeneu-lo al brou.
3. Cuini 5-10 minuts més.
4. Serveis 4.

Barbacoa senzilla de pollastre de cuina lenta

INGREDIENTS

-
3 meitats de pit de pollastre sense os

- 1 1/2 tassa de salsa barbacoa calenta, la teva elecció, i més per servir

- 1 ceba mitjana, tallada o picada

- entrepans torrats

-
coleslaw, servir

PREPARACIÓ

1. Rentar els pits de pollastre i assecar-los. Col·loqueu en una olla de cocció lenta amb 1 1/2 tassa de salsa barbacoa i la ceba. Remeneu per cobrir el pollastre. Cobrir i coure a ALTA durant 3 hores.
2. Traieu els pits de pollastre a un plat i tritureu-los o piqueu-los. Torneu el pollastre triturat a la salsa a la cuina lenta; remenar per barrejar. Tapar i coure 10 minuts més.
3. Serviu el pollastre ratllat en entrepans torrats amb coleslaw i salsa barbacoa addicional.
4. Serveix de 4 a 6.

Pollastre a la cuina lenta Dijon

INGREDIENTS

-
1 a 2 lliures de pit de pollastre

- 1 llauna de crema condensada de sopa de pollastre, sense diluir (10 1/2 unces)

- 2 cullerades de mostassa de Dijon llisa o granulada

- 1 cullerada de midó de blat de moro

- 1/2 tassa d'aigua

- pebre al gust

- 1 culleradeta de flocs de julivert sec o 1 cullerada de julivert fresc picat

PREPARACIÓ

1. Rentar el pollastre i assecar-lo; col·locar a la cuina lenta. Combina la sopa amb la mostassa i la farina de blat de moro; afegir l'aigua i barrejar. Barregeu el julivert i el pebre. Aboqueu la barreja sobre el pollastre. Cobrir i coure a BAIX durant 6-7 hores. Serviu-ho amb arròs cuit calent i un costat de verdures.
2. La recepta de pollastre Dijon serveix de 4 a 6.

Pollastre a la barbacoa a la cuina lenta

INGREDIENTS

- Trossos de pollastre de 3 a 4 lliures
- 1 ceba gran, tallada a trossets
- 1 ampolla de salsa barbacoa

PREPARACIÓ

1. Col·loqueu el pollastre al fons de l'olla de cocció lenta o crockpot i afegiu-hi les cebes i la salsa barbacoa. Cuini a BAIX durant unes 6-8 hores, o fins que el pollastre estigui tendre però no es desfà.
2. Serveix de 4 a 6.

Cuxes de pollastre a la planxa en una olla de cocció lenta

INGREDIENTS

- 1/2 tassa de farina

- 1/2 culleradeta d'all en pols

- 1 culleradeta de mostassa seca

- 1 culleradeta de sal

- 1/4 culleradeta de pebre

- 8 cuixes de pollastre

- 2 cullerades d'oli vegetal

- 1 tassa de salsa barbacoa espessa

PREPARACIÓ

1. Poseu la farina, l'all en pols, la mostassa, la sal i el pebre en una bossa de plàstic. Afegiu-hi el pollastre, uns quants trossos a la vegada, i remeneu-ho perquè quedi bé. Escalfeu l'oli en una paella gran; afegir el pollastre i daurar per tots els costats. Col·loqueu la meitat de la salsa barbacoa a la cassola; afegir el pollastre i després afegir la salsa restant.

Cuini a foc lent durant 6 a 7 hores, o fins que el pollastre estigui tendre i els sucs siguin clars.
2. Serveix de 4 a 6.

Salsa de pasta de pollastre amb botifarra de cuina lenta

INGREDIENTS

- 1 cullerada d'oli d'oliva
- 4 grans d'all, triturats
- 1/2 tassa de ceba picada
- 1 pebrot vermell, picat
- 1 pebrot verd, picat
- 1 carbassó petit, picat
- 1 llauna (4 unces) de bolets
- 1 llauna de tomàquet guisat, condimentat italià
- 1 llauna (6 oz) de pasta de tomàquet
- 3 embotits italians dolços
- 4 meitats de pit de pollastre desossades, tallades a tires
- 1 culleradeta de condiment italià •
- flocs de pebre vermell, al gust, opcional

PREPARACIÓ

1. Escalfeu l'oli a la paella. Sofregiu la ceba i l'all fins que estiguin daurats. Per eliminar.
2. Afegiu l'embotit; marró per tots els costats. Afegiu el pollastre i deixeu-ho coure fins que estigui daurat. Escorreu l'excés de greix. Talleu les salsitxes a trossos d'1 polzada. En una olla de cocció lenta, combineu tots els ingredients

restants amb les cebes i els alls. Afegiu la botifarra i decoreu amb les tires de pollastre. Tapa i cuini a BAIX 4-6 hores, fins que el pollastre estigui tendre però no sec.
3. Serviu aquesta saborosa salsa sobre pasta cuita calenta.
4. Serveis 4.

Curry de pollastre a la cuina lenta

INGREDIENTS

- 2 pits de pollastre sencers, desossats i tallats a daus
- 1 llauna de sopa de pollastre
- 1/4 tassa de xerès sec
- 2 cullerades. mantega o margarina
- 2 cebes verdes amb la part superior, ben picades
- 1/4 culleradeta. pols de curri
- 1 culleradeta. sal
- Un polsim de pebre
-

arròs cuit calent

PREPARACIÓ

1. Poseu el pollastre en una olla. Afegiu tots els altres ingredients excepte l'arròs. Tapa i cuini a baix durant 4 a 6 hores o a ALTA durant 2 a 3 hores. Serviu sobre arròs calent.

Pollastre al curri amb arròs de cuina lenta

INGREDIENTS

- 4 pits de pollastre desossats i sense pell, tallats a tires o trossos d'1 polzada
- 2 cebes grans, tallades a quarts i a rodanxes fines
- 3 grans d'all, picats
- 1 cullerada de salsa de soja o tamari
- 1 culleradeta de curry de Madras en pols
- 2 culleradetes de bitxo en pols
- 1 culleradeta de cúrcuma
- 1 culleradeta de gingebre mòlt
- 1/3 tassa de brou de pollastre o aigua
- sal i pebre negre recent mòlt, al gust
- arròs cuit calent

PREPARACIÓ

1. Barregeu tots els ingredients, excepte l'arròs, a la olla de cocció lenta o /Crock pot.
2. Tapa i cuini a foc lent de 6 a 8 hores, o fins que el pollastre estigui tendre.
3. Tasteu i rectifiqueu de sal i pebre, si cal.
4. Serviu sobre arròs o fideus

Enchiladas de pollastre a la cuina lenta
INGREDIENTS

- 3 tasses de pollastre cuit tallat a daus
- 3 tasses de formatge combinat mexicà ratllat amb pebrots, dividits
- 1 llauna (4,5 oz) de xiles verds picats
- 1/4 tassa de coriandre fresc picat
- 1 1/2 tassa de crema agra, dividida
- 8 truites de farina (8 polzades)
- 1 tassa de salsa de tomàquet
- Guarnicions suggerides: tomàquets tallats a daus, ceba verde a rodanxes, olives madures, anells de jalapeño, coriandre fresc picat

PREPARACIÓ

1. Unteu lleugerament l'insert del plat d'una olla de cuina lenta de 4 a 6 quarts.
2. En un bol combineu el pollastre tallat a daus amb 2 tasses de formatge ratllat, xiles verds picats, 1/4 tassa de coriandre picat i 1/2 tassa de crema agra; remenar per combinar els ingredients.
3. Aboqui una mica de la barreja de pollastre al centre de les truites, dividint la barreja uniformement entre les vuit truites. Enrotlleu-los i poseu-los, amb la costura cap avall, a l'olla de cocció lenta preparada.
4. Si cal, apilar les truites.
5. En un bol petit, combineu la salsa amb la resta d'1 tassa de crema agra. Aboqueu la barreja sobre les truites.
6. Tapar i coure a BAIX durant 4 hores. Espolvorear les truites amb la resta de formatge ratllat. Cobrir i coure a BAIX aproximadament 20-30 minuts més.
7. Serveix de 4 a 6.

Fricassee de pollastre a la cuina lenta amb verdures

INGREDIENTS

- De 4 a 6 pits de pollastre desossats i sense pell
- Sal i pebre al gust
- 2 cullerades de mantega
- 2 grans d'all, picats
- 3 cullerades de farina per a tot ús
- 2 tasses de brou de pollastre baix en sodi
- 1 culleradeta de fulles de farigola seca
- 1/2 culleradeta de fulles d'estragó seques
- 3-4 pastanagues, tallades a trossos de 2 polzades 2-
- 2 cebes, a la meitat, tallades a rodanxes gruixudes
- 2 porros grans, només la part blanca, rentats i picats
- 1 fulla de llorer
- 1/2 tassa mitja i mitja o nata lleugera
-
1 1/2 tasses de pèsols congelats, descongelats

PREPARACIÓ

1. Rentar els pits de pollastre i assecar-los. Per deixar de banda. Sofregiu l'all picat a la mantega durant un minut, després afegiu-hi la farina i deixeu-ho coure, remenant, fins que quedi suau. Aboqueu-hi el brou (es pot utilitzar 1/4 tassa de vi blanc sec o xerès en lloc d'una part del brou), la farigola i l'estragó i remeneu fins que espesseixi. Col·loqueu les cebes, les pastanagues, el pollastre i després els porros al Crock Pot; abocar salsa per sobre de tot. Afegiu-hi la fulla de llorer. Tapa i cuini a BAIX durant 6-7 hores o a ALTA durant 3-5 hores.
2. Si es fa a baix, canvieu a alt i remeneu-hi la meitat i meitat i descongeleu els pèsols. Tapeu i continueu cuinant a màxima potència durant 15 minuts més, o fins que els pèsols s'escalfin. Tasteu i ajusteu els condiments. Retireu la fulla de llorer abans de servir.
3. Serveix de 4 a 6.

Pollastre a la cuina lenta amb salsa picant

INGREDIENTS

- 1/2 seg. suc de tomàquet
- 1/2 seg. salsa de soja
- 1/2 seg. sucre morè
- 1/4 seg. Brou de pollastre
- 3 grans d'all, picats
- Trossos de pollastre de 3 a 4 lliures, sense pell

PREPARACIÓ

1. Combina tots els ingredients excepte el pollastre en un bol profund. Submergeix cada tros de pollastre a la salsa. Poseu-ho a l'olla de cocció lenta. Aboqueu-hi la salsa restant. Cuini a foc baix durant 6-8 hores o alt durant 3-4 hores.
2. Per 6 porcions.

Pollastre Madras a la cocció lenta amb curri en pols

INGREDIENTS

- 3 cebes, tallades a rodanxes fines
- 4 pomes, pelades, pelades i tallades a rodanxes fines
- 1 culleradeta de sal
- 1 o 2 culleradetes de curri en pols o al gust
- 1 pollastre fregit, tallat a trossos
- pebre vermell

PREPARACIÓ

1. A la cassola, combineu la ceba i les pomes; espolvorear amb sal i curri en pols. Barrejar bé. Col·loqueu la pell de pollastre sobre la barreja de ceba. espolvorear generosament amb pebre vermell.
2. Tapa i cuini a BAIX durant 6-8 hores, fins que el pollastre estigui tendre.
3. Tasteu i afegiu més condiments segons calgui.
4. Serveis 4.

Pollastre a la cuina lenta amb bolets

INGREDIENTS

- 6 meitats de pit de pollastre amb ossos i sense pell
- 1 1/4 culleradeta de sal
- 1/4 culleradeta de pebre
- 1/4 culleradeta de pebre vermell
- 1 3/4 culleradetes de brou de pollastre amb gust de grànuls o brou de pollastre
- 1 1/2 tasses de bolets frescos a rodanxes
- 1/2 tassa de ceba verde, a rodanxes, amb verdures
- 1/2 got de vi blanc sec
- 1/2 tassa de llet evaporada
- 5 culleradetes de midó de blat de moro
- julivert fresc picat

PREPARACIÓ

1. Rentar el pollastre i assecar-lo. En un bol, combineu la sal, el pebre i el pebre vermell. Frega tots els costats del pollastre, utilitzant tota la barreja. En una olla de cocció lenta, alterneu les capes de pollastre, brou o grànuls de brou, bolets i cebes verdes. Aboqueu lentament el vi. No barregeu ingredients. Tapa i cuini a foc alt durant 2 1/2-3 hores o a foc baix durant 5-6 hores o fins que el pollastre estigui tendre però no es desfà.

2. Amb una cullera ranurada, traieu el pollastre i les verdures a un plat o bol. Cobrir amb paper d'alumini i mantenir el pollastre calent. En una cassola petita, combineu la llet evaporada i la maizena, remenant fins que quedi suau. Afegiu gradualment 2 tasses del líquid de cocció. Remenant a foc mitjà, portar a ebullició; continuar bullint durant 1 minut, o fins que espesseixi. Aboqueu una mica de salsa sobre el pollastre i guarniu-lo amb julivert, si voleu. Serviu amb arròs calent o fideus si voleu.

Cordó Blau. cocció lenta

INGREDIENTS

- 6 meitats de pit de pollastre, desossades, sense pell - picades fins a aplanar-se lleugerament
- 6 llesques fines de pernil
- 6 llesques fines de formatge suís
- 1/4 a 1/2 tassa de farina, per arrebossar
- 1/2 lliura de bolets a rodanxes
- 1/2 tassa de brou de pollastre
- 1/2 tassa de vi blanc sec (o fer servir brou de pollastre)
- 1/2 culleradeta de romaní picat
- 1/4 tassa de parmesà ratllat
- 2 culleradetes de maizena barrejades amb 1 cullerada d'aigua freda
- Sal i pebre al gust

PREPARACIÓ

1. Col·loqueu una llesca de pernil i una de formatge sobre cada pit de pollastre aplanat i enrotlleu. Assegureu-vos amb escuradents i enrotlleu cadascun per farina per enfarinar-lo. Col·loqueu els bolets a la cocció lenta i després els pits de pollastre. Batre el brou, el vi (si s'utilitza) i el romaní; abocar sobre el pollastre. Espolvorear amb el parmesà. Tapar i coure a foc lent durant 6-7 hores. Just abans de servir, traieu el pollastre; mantenir-se calent.

2. Als sucs de la cocció lenta, afegiu la barreja de maizena; remenar fins que espesseixi. Sal i pebre, després tasteu i ajusteu els condiments. Aboqueu la salsa sobre els rotllos de pollastre i serviu.
3. Serveis 6.

Pollastre de Dijon a la cuina lenta
INGREDIENTS

- 4 meitats de pit de pollastre sense os
- 1 cullerada plena de mel de mostassa de Dijon
- sal i pebre negre mòlt gruixut o pebre condimentat
- 2 paquets (8 unces cadascun) d'espinacs infantils o 1 lliura de fulles d'espinacs frescos rentats i assecats
- 2 cullerades de mantega, tallades a trossos petits
- coriandre o julivert fresc picat, opcional
- ametlles en escates torrades, opcional

PREPARACIÓ

1. Unteu l'insert de vaixella de l'olla de cocció lenta o ruixeu amb esprai de cuina antiadherent.
2. Rentar els pits de pollastre i assecar-los.
3. Frega el pollastre amb mostassa de mel; Espolvorear amb sal i pebre.
4. Col·loqueu els pits de pollastre a la placa de vaixella de la cuina lenta. Decoreu amb els espinacs.
5. Si la vostra olla de cocció lenta és massa petita per a tots els espinacs, coeu-la al vapor breument i afegiu-hi les fulles d'espinacs marcides.
6. Regar els espinacs amb la mantega i espolvorear amb més sal i pebre.
7.

8. Decoreu amb coriandre o julivert o espolvoreu amb ametlles torrades abans de servir, si voleu.
9. Cobrir i coure a BAIX durant 5-6 hores.

•Per torrar les ametlles, afegiu-les a una paella seca a foc mitjà. Cuini, remenant constantment, fins que estigui lleugerament daurat i aromàtic.

Pollastre amb llimona a la cuina lenta

INGREDIENTS

- 1 fregidora de carn, tallada o aproximadament 3 1/2 lliures de trossos de pollastre

- 1 culleradeta de fulla d'orenga seca triturada

- 2 grans d'all, picats

- 2 cullerades de mantega

- 1/4 tassa de vi sec, xerès, brou de pollastre o aigua

- 3 cullerades de suc de llimona

- Sal i pebre

PREPARACIÓ

1. Condimenteu els trossos de pollastre amb sal i pebre. Espolseu la meitat de l'all i l'orenga sobre el pollastre.
2. Fondre la mantega en una paella a foc mitjà i daurar el pollastre per tots els costats.
3. Transferiu el pollastre a la cassola. Espolvorear amb l'orenga i l'all restant. Afegiu vi o xerès a la paella i remeneu per deixar anar els trossos marrons; abocar a la cuina lenta.
4. Cobrir i coure a BAIX (200 °) durant 7-8 hores. Afegiu el suc de llimona l'última hora.
5. Retireu el greix dels sucs i aboqueu-los en un bol de servir; espessiu els sucs, si voleu.
6. Serviu el pollastre amb els sucs.
7. Serveis 4.

Pollastre tirat a la cuina lenta

INGREDIENTS

- 1 cullerada de mantega
- 1 tassa de ceba picada
- 1/2 culleradeta d'all picat
- 1 1/2 tasses de ketchup
- 1/2 tassa de melmelada d'albercoc o melmelada de préssec
- 3 cullerades de vinagre de sidra
- 2 cullerades de salsa Worcestershire
- 2 culleradetes de fum líquid
- 2 cullerades de melassa
- pessic de pebre de Jamaica
- 1/4 culleradeta de pebre negre recent mòlt
- 1/8 a 1/4 culleradeta de pebre de caiena mòlt
- 1 lliura de pits de pollastre desossats
- 1 lliura de cuixes de pollastre desossades

PREPARACIÓ

1. En una cassola mitjana a foc mitjà, foneu la mantega. Quan la mantega estigui espumosa, afegiu-hi les cebes picades i deixeu-ho coure, remenant, fins que les cebes estiguin suavitzades i lleugerament daurades. Afegiu-hi l'all picat i cuini, remenant, aproximadament 1 minut més. Afegiu el ketchup, la melmelada d'albercoc, el vinagre, la salsa Worcestershire, el fum líquid, la melassa, el pebre de Jamaica, el pebre negre i el pebre de caiena. Cuini a foc lent durant 5 minuts.
2. Col·loqueu 1 1/2 tassa de salsa a la inserció del plat de cocció lenta.
3. Reserveu la salsa restant; posar en un recipient i refrigerar fins a servir. Afegiu els trossos de pollastre a la cuina lenta. Tapa i cuini a BAIX durant 4 1/2-5 hores, o fins que el pollastre estigui molt tendre i es trenqui fàcilment. Amb una forquilla, tritureu els trossos de pollastre.
4. Serviu-los sobre entrepans torrats amb coleslaw i salsa barbacoa addicional.
5. Un menú també pot incloure amanida de patates o patates al forn, juntament amb fesols al forn, escabetx i tomàquets a rodanxes. M'agrada l'ensalada de col i els escabetx a la meva barbacoa, però altres complements poden incloure anells de pebrot jalapeño, ceba vermella a rodanxes fines, col triturada senzilla i tomàquets o cogombres a rodanxes.
6. Serveis 8.

Botifarra fumada i col

INGREDIENTS

- 1 col petita, picada gruixuda

- 1 ceba gran, picada aproximadament

1 1/2 a 2 lliures de salsitxa polonesa o fumada kielbasa, tallada en trossos d'1 a 2 polzades

- 1 tassa de suc de poma
- 1 cullerada de mostassa de Dijon
- 1 cullerada de vinagre de sidra
- 1 o 2 cullerades de sucre de canya
- 1 culleradeta de llavors de comí, opcional
- pebre, al gust

PREPARACIÓ

1. Col·loqueu la col, la ceba i la salsitxa en una olla de cocció lenta de 5 o 6 quarts (per fer-ho en una olla de 3 1/2 quarts, feu servir menys col o marxeu-la bullint durant uns 10 minuts, després escorreu-la i afegiu-la) . Barregeu el suc, la mostassa, el vinagre, el sucre moreno i les llavors de comí, si feu servir; aboqueu els ingredients de la cuina lenta per sobre. Espolvorear amb pebre, al gust. Tapar i coure a foc lent durant 8-10 hores. Servir amb patates i amanida verda si ho desitja.

Pollastre Espanyol Amb Arròs

INGREDIENTS

- 4 meitats de pit de pollastre, sense pell
- 1/4 culleradeta de sal
- 1/4 culleradeta de pebre
- 1/4 culleradeta de pebre vermell
- 1 cullerada d'oli vegetal
- 1 ceba mitjana, picada
- 1 pebrot vermell petit, picat (o pebrot rostit picat)
- 3 grans d'all, picats
- 1/2 culleradeta de romaní sec
- 1 llauna (14 1/2 oz) de tomàquets triturats
- 1 paquet (10 oz) de pèsols congelats

PREPARACIÓ

1. Condimenteu el pollastre amb sal, pebre, pebre vermell. En una paella, escalfeu l'oli a foc mitjà i daureu el pollastre per tots els costats. Transferiu el pollastre a la cuina lenta.
2. En un bol petit combineu els altres ingredients, excepte els pèsols congelats. Abocar sobre el pollastre. Cobrir i coure a foc baix 7-9 hores o alt 3-4 hores. Una hora abans de servir, esbandiu els pèsols en un colador sota aigua tèbia per descongelar-los i, a continuació, afegiu-los a la cassola. Serviu aquest plat de pollastre sobre arròs cuit calent.

Cuixes de pollastre a la brasa de Tami

INGREDIENTS

- De 6 a 8 potes de pollastre congelades•

- 1 ampolla de salsa barbacoa espessa

PREPARACIÓ

1. Col·loqueu les cuixes de pollastre congelades a la cuina lenta. Aboqueu-hi la salsa barbacoa. Cobrir i coure a ALTA durant 6-8 hores.
2. •Nota: Si comenceu amb cuixes de pollastre descongelades, primer podeu treure la pell o daurar per reduir el greix i cuinar a BAIX durant 6-8 hores.

Tami's Crockpot Chicken Mozzarella

INGREDIENTS

- 4 quarts de cuixa de pollastre
- 2 cullerades de condiment de pebre d'all
- 1 llauna de carbassó amb salsa de tomàquet
- 4 unces de mozzarella ratllada

PREPARACIÓ

1. Col·loqueu el pollastre a l'olla de cocció lenta i regeix-ho amb l'amaniment. Aboqueu el carbassó amb salsa de tomàquet sobre el pollastre. Tapar i coure a BAIX durant 6-8 hores. Espolvorear amb el formatge i coure fins que el formatge es fongui, uns 30 minuts.

chili de pollastre blanc

INGREDIENTS

- 4 meitats de pit de pollastre desossades, sense pell, tallades a trossos d'1/2 polzada
- 1/2 tassa d'api picat
- 1/2 tassa de ceba picada
- 2 llaunes (14,5 unces cadascuna) de tomàquets estofats, tallats a trossos
- 16 oz. med. salsa o salsa picant
- 1 llauna de cigrons o mongetes del nord, escorregudes
- De 6 a 8 oz. bolets a rodanxes
- Oli d'oliva

PREPARACIÓ

1. Sofregiu el pollastre amb 1 cullerada d'oli d'oliva. Talleu l'api, la ceba i els bolets. Combina tots els ingredients a una olla de cuina lenta gran; remenar i coure a foc lent durant 6-8 hores. Serviu amb crutones o tacos. •Si us agrada picant, feu servir salsa picant o salsa picant.

Pollastre a la cuina lenta i mongetes negres

INGREDIENTS

- 3-4 pits de pollastre desossats, tallats a tires
- 1 llauna (de 12 a 15 unces) de blat de moro, escorregut
- 1 llauna (15 oz) de mongetes negres, esbandides i escorregudes
- 2 culleradetes de comí mòlt
- 2 culleradetes de bitxo en pols
- 1 ceba, tallada a la meitat i a rodanxes fines
- 1 pebrot verd, tallat a tires
- 1 llauna (14,5 oz) de tomàquets a daus
- 1 llauna (6 oz) de pasta de tomàquet

PREPARACIÓ

1. Combina tots els ingredients en una olla de cocció lenta. Tapar i coure a foc lent durant 5-6 hores.
2. Decoreu amb formatge ratllat, si voleu. Serviu la festa del pollastre i les mongetes negres amb truites de farina escalfades o sobre arròs.
3. Serveis 4.

Pollastre i condiments, cuina lenta

INGREDIENTS

- 1 bossa de barreja de farciment condimentada, de 14 a 16 oz
- 3-4 tasses de pollastre cuit a daus
- 3 llaunes de sopa de pollastre
- 1/2 tassa de llet
- 1 o 2 tasses de formatge cheddar suau, ratllat

PREPARACIÓ

1. Prepareu el farcit segons les instruccions del paquet i poseu-lo en una olla de 5 quarts. Incorporeu-hi 2 llaunes de crema de sopa de pollastre. En un bol, barregeu el pollastre a daus, 1 llauna de crema de pollastre i la llet. Repartiu el farcit en una olla de cocció lenta. Espolseu formatge per sobre. Tapa i cuini a foc baix durant 4-6 hores o alt durant 2-3 hores.
2. Serveix de 6 a 8.

Pollastre i bolets, cuina lenta

INGREDIENTS

- 6 meitats de pit de pollastre, sense os, sense pell
- 1 1/4 culleradeta. sal
- 1/4 culleradeta. Pebre
- 1/4 culleradeta. pebre vermell
- 2 culleradetes de grànuls de brou de pollastre
- 1 1/2 tassa de bolets a rodanxes
- 1/2 tassa de ceba verda a rodanxes
- 1/2 got de vi blanc sec
- 2/3 tassa de llet evaporada
- 5 culleradetes. maizena
- Julivert fresc picat
- arròs cuit calent

PREPARACIÓ

1. En un bol petit, barregeu la sal, el pebre i el pebre vermell. Frega tota la barreja al pollastre.
2. A la cuina lenta, alterneu les capes de pollastre, els grànuls de brou, els bolets i les cebes verdes. Aboqui el vi. NO BARREGIS.
3. Tapa i cuini a ALTA durant 2 1/2-3 hores o BAIX durant 5-6 hores, o fins que el pollastre estigui tendre però no caigui de l'os. Si és possible, unteu-ne una a mitja cocció.

4. Traieu el pollastre i les verdures a un plat amb una cullera ranurada.
5. Cobrir amb film i mantenir calent.
6. En una cassola petita, combineu la llet evaporada i la maizena fins que quedi suau. Afegiu gradualment 2 tasses del líquid de cocció. Remenant a foc mitjà, portar a ebullició i bullir durant 1 o 2 minuts, o fins que espesseixi.
7. Aboqueu una mica de salsa sobre el pollastre i decoreu-ho amb julivert picat. Serviu la salsa restant al costat.
8. Serviu amb arròs cuit calent.

Pollastre i arròs parmesà, cuina lenta

INGREDIENTS

- 1 bossa de sopa mixta de ceba
- 1 llauna (10 3/4 unces) de crema condensada de sopa de bolets, greix reduït
- 1 llauna (10 3/4 unces) de crema condensada de sopa de pollastre, greix reduït
- 1 1/2 tassa de llet baixa en greix o sense greix
- 1 copa de vi blanc sec
- 1 tassa d'arròs blanc
- 6 meitats de pit de pollastre desossats i sense pell
- 2 cullerades de mantega
- 2/3 tassa de parmesà ratllat

PREPARACIÓ

1. Barrejar sopa de ceba, sopa, llet, vi i arròs. Ampolla d'esprai de terrissa amb pam. Col·loqueu els pits de pollastre a l'olla, a sobre amb 1 culleradeta de mantega, aboqueu-hi la barreja de sopa i, a continuació, ruixeu-hi el parmesà. Cuini a foc baix durant 8 a 10 hores o a foc alt durant 4 a 6 hores. Serveis 6.

Pollastre i Gambes

INGREDIENTS

- 2 lliures de pollastre desossat i sense pell, cuixes i pit, tallats a trossos
- 2 cullerades d'oli d'oliva verge extra
- 1 tassa de ceba picada
- 2 grans d'all, picats
- 1/4 tassa de julivert, picat
- 1/2 got de vi blanc
- 1 llauna gran (15 oz) de salsa de tomàquet
- 1 culleradeta de fulles d'alfàbrega seques
- 1 lliura de gambes crues, pelades i netejades
- sal i pebre negre recent mòlt, al gust
- 1 lliura de fettuccine, linguini o espaguetis

PREPARACIÓ

1. En una paella gran o antiadherent a foc mitjà, escalfeu l'oli d'oliva. Afegiu els trossos de pollastre i deixeu-ho coure, remenant, fins que estigui lleugerament daurat. Traieu el pollastre de la cuina lenta.
2. Afegiu una mica d'oli a la paella i sofregiu la ceba, l'all i el julivert durant 1 minut aproximadament. Retirar del foc i remenar el vi, la salsa de tomàquet i l'alfàbrega seca. Aboqueu la barreja sobre el pollastre en una olla de cocció lenta.
3. Tapa i cuini a BAIX durant 4 a 5 hores.

4. Incorporeu-hi les gambes, tapeu-les i deixeu-ho coure a BAIX aproximadament 1 hora més.
5. Amaniu-ho amb sal i pebre negre acabat de mòlt, al gust.
6. Just abans que el plat estigui a punt, cuini la pasta en aigua bullint amb sal tal com indica el paquet.

Recepta de pollastre i farcit

INGREDIENTS

- 4 meitats de pit de pollastre desossades i sense pell
- 4 llesques de formatge suís
- 1 llauna (10 1/2 unces) de crema condensada de sopa de pollastre
- 1 llauna (10 1/2 unces) de crema condensada de sopa de bolets
- 1 tassa de brou de pollastre
- 1/4 tassa de llet
- De 2 a 3 tasses de barreja de cobertura d'herbes Pepperidge Farm o barreja de cobertura casolana
- 1/2 tassa de mantega fosa •Vegeu les notes de Sandy
- Sal i pebre al gust

PREPARACIÓ

1. Amaniu els pits de pollastre amb sal i pebre; col·loqueu els pits de pollastre a la cuina lenta.

2. Aboqueu el brou de pollastre sobre els pits de pollastre.

3. Posa una llesca de formatge suís a cada pit.

4. Combina les dues llaunes de sopa i llet. Cobriu els pits de pollastre amb la barreja de sopa.

5. Espolvoreu per tot arreu la barreja del farcit. Escampeu mantega fosa per sobre.

6. Coure a foc lent durant 6-8 hores.

Pits de pollastre en salsa criolla criolla
INGREDIENTS

- 1 manat de cebes verdes (de 6 a 8, amb la major part de la part verda)
- 2 llesques de cansalada
- 1 culleradeta de condiment crioll o cajun
- 3 cullerades de mantega
- 4 cullerades de farina
- 3/4 tassa de brou de pollastre
- 1 o 2 cullerades de pasta de tomàquet
- 4 meitats de pit de pollastre desossades
- 1/4 a 1/2 tassa de mitja i mitja o llet

PREPARACIÓ

1. En una cassola, fonem la mantega a foc mig baix. Afegiu-hi les cebes i la cansalada, deixeu-ho coure i remeneu durant 2

minuts. Afegir la farina, remenar i coure 2 minuts més. Afegiu brou de pollastre; coure fins que espessi i després afegiu-hi la pasta de tomàquet. Col·loqueu els pits de pollastre a una olla de cocció lenta/olla; afegir la barreja de salsa. Tapar i coure a foc lent durant 6-7 hores, remenant després de 3 hores. Incorporar la llet uns 20-30 minuts abans de procedir. Serviu sobre pasta o arròs.
2. Serveis 4.

Chili Chicken with Hominy

INGREDIENTS

- 2 lliures de pits de pollastre, desossats i sense pell, tallats en trossos d'1 a 1 1/2 polzada

- 1 ceba mitjana, picada

- 3 grans d'all, tallats a rodanxes fines

- 1 llauna (15 oz) d'homín blanc, escorregut

- 1 llauna (14 oz) de tomàquets a daus, sense escórrer

- 1 llauna (28 oz) de tomàquets, escorreguts i picats

- 1 llauna (4 oz) de xiles verds suaus

PREPARACIÓ

1. Combina tots els ingredients a la cuina lenta; remenar per combinar tots els ingredients. Tapa i cuini a foc baix durant 7 a 9 hores o a foc alt durant 4 a 4 1/2 hores.
2. Serveix de 4 a 6.

Delicia de pollastre

INGREDIENTS

- De 6 a 8 pits de pollastre desossats i sense pell
- suc de llimona
- Sal i pebre al gust
- sal d'api o sal aromatitzada, al gust
- pebre vermell, al gust
- 1 llauna de crema d'api
- 1 llauna de sopa de bolets
- 1/3 got de vi blanc sec
- parmesà ratllat, al gust
- arròs cuit

PREPARACIÓ

1. Esbandida el pollastre; sec. Amaniu amb suc de llimona, sal, pebre, sal d'api i pebre vermell. Col·loqueu el pollastre en una olla de cocció lenta. En un bol mitjà barregem les sopes amb el vi. Abocar sobre els pits de pollastre. Espolvorear amb parmesà. Tapar i coure a foc lent durant 6-8 hores. Serviu el pollastre amb la salsa sobre l'arròs cuit calent, i passeu el formatge parmesà.
2. Serveix de 4 a 6.

Enchiladas de pollastre per a la cuina lenta

INGREDIENTS

- 1 paquet. pits de pollastre (1 - 1 1/2 lliures)
- 1 pot de salsa de pollastre
- 1 llauna de 120 g de bitxos verds, picats
- 1 ceba, picada
- Tortilles de blat de moro
- formatge gratinat

PREPARACIÓ

1. Combina el pollastre, la salsa, els xiles verds i la ceba picada a la cuina lenta; cobrir i coure a BAIX durant 5 a 6 hores. Retireu el pollastre de la salsa i tritureu-lo. Ompliu les truites de blat de moro amb pollastre i salsa. Damunt amb formatge ratllat i enrotlla. Posar a la safata. Aboqueu-hi l'excés de salsa i empolvoreu-ho amb més formatge ratllat. Coure al forn a 350º durant uns 15-20 minuts.
2. Serveix de 4 a 6.

Pollastre de Las Vegas

INGREDIENTS

- 6 meitats de pit de pollastre desossats i sense pell
- 1 llauna de sopa de bolets
- 1/2 pinta. crema agra
- 1 llauna (6 oz.) de carn seca i tallada

PREPARACIÓ

1. Barregeu la sopa, la crema agra i la carn seca. Enrotlleu el pollastre a la barreja, cobrint-lo bé; col·locar al crockpot. Aboqui la barreja restant sobre el pollastre. Tapa i cuini a BAIX durant 5-7 hores, fins que el pollastre estigui tendre però no sec. Serviu amb arròs calent o fideus.
2. Serveis 6.

Pollastre parisenc per a la cuina lenta

INGREDIENTS

- De 6 a 8 pits de pollastre
- sal, pebre i pebre vermell
- 1/2 got de vi blanc sec
- 1 llauna (10 1/2 oz) de crema de bolets
- 8 unces de bolets a rodanxes
- 1 tassa de crema agra
- 1/4 tassa de farina

PREPARACIÓ

1. Espolvorear els pits de pollastre amb sal, pebre i pebre vermell. Col·loqueu en una olla de cocció lenta. Incorporeu el vi, la sopa i els bolets fins que estiguin ben combinats. Abocar sobre el pollastre. Espolvorear amb pebre vermell. Tapa i cuini a foc lent durant 6 a 8 hores, o fins que el pollastre estigui tendre però no massa sec. Barrejar la crema agra i la farina; afegir a la cassola. Coure al forn uns 20 minuts més, fins que s'escalfi.
2. Servir amb arròs o pasta.
3. Serveix de 6 a 8.

Cassola de pollastre Reuben, cuina lenta

INGREDIENTS

- 32 unces de xucrut (pot o bossa), esbandit i escorregut
- 1 tassa de salsa russa
- De 4 a 6 pits de pollastre desossats i sense pell
- 1 cullerada de mostassa preparada
- 1 tassa de formatge suís ratllat o Monterey Jack

PREPARACIÓ

1. Col·loqueu la meitat del xucrut al fons de l'olla. Aboqui 1/3 tassa de condiment; col·loqueu 2 o 3 pits de pollastre per sobre i repartiu mostassa sobre el pollastre. Decoreu amb el xucrut i els pits de pollastre restants; aboqueu una altra tassa de condiment per sobre de tot i deseu la tassa restant de condiment per servir.
2. Tapa i cuini a foc lent durant unes 4 hores, o fins que el pollastre estigui cuit i tendre. Espolvorear amb formatge suís i coure fins que el formatge es fongui.
3. Serviu amb l'amaniment reservat.
4. Serveix de 4 a 6.

Pollastre amb nabius

INGREDIENTS

- 6 pits de pollastre desossats i sense pell

- 1 ceba petita, picada

- 1 tassa de nabius frescos

- 1 culleradeta de sal

- 1/4 culleradeta de canyella mòlta

- 1/4 culleradeta de gingebre mòlt

- 3 cullerades de sucre moreno o mel

- 1 tassa de suc de taronja

- 3 cullerades de farina barrejades amb 2 cullerades d'aigua freda

PREPARACIÓ

1. Col·loqueu tots els ingredients, excepte la barreja de farina i aigua, a la olla de cocció lenta o a la cassola. Cobrir i coure a foc lent durant 6-7 hores, fins que el pollastre estigui tendre. Afegiu la barreja de farina en els últims 15 o 20 minuts i deixeu-ho coure fins que espesseixi. Tasteu i ajusteu els condiments.
2. Serveis 4.

Pollastre amb salsa i salsa, cuina lenta

INGREDIENTS

- 1 paquet (6 unces) de molles de farciment condimentades (una barreja de farciment tipus "estufa")

- 1 patata gran, tallada a daus petits

- 1 manat de cebes verdes, picades

- 2 tiges d'api, picades

- 1/2 tassa d'aigua

- 3 cullerades de mantega, dividides

- 1 culleradeta de condiment d'aviram, dividit

- 1 a 1 1/2 lliures de filets de pollastre o pits sense os

- 1 pot (12 oz) de salsa de pollastre, com ara Heinz Homestyle Chicken Gravy

PREPARACIÓ

1. En una olla de greix lleugerament untada o ruixada, barregeu les molles de farcit amb la patata tallada a daus, la ceba verda, l'api, 2 cullerades de mantega fosa i 1/2 tassa d'aigua. Espolvoreu amb aproximadament 1/2 culleradeta de condiment per a aus de corral. Farciment superior amb trossos de pollastre; regeix amb la mantega restant i el condiment de pollastre. Aboqueu la salsa sobre el pollastre. Tapar i coure a foc lent durant 6-7 hores.

Pollastre amb Macarrons i Formatge Gouda Fumat

INGREDIENTS

- 1 1/2 lliures de pollastre tendre, desossat

- 2 carbassons petits, tallats a la meitat i a rodanxes d'1/8 de polzada de gruix

- 1 paquet de barreja de salsa de pollastre (aproximadament 1 unça)

- 2 cullerades d'aigua

- Sal i pebre al gust

- un polsim de nou moscada mòlta, fresca si és possible

- 8 unces de formatge Gouda fumat, ratllat

- 2 cullerades de llet evaporada o nata líquida

- 1 tomàquet gran, picat

- 4 tasses de macarrons cuits o pasta de closca petita

PREPARACIÓ

1. Talleu el pollastre a daus d'1 polzada; col·locar al crockpot. Afegiu-hi els carbassons, la salsa, l'aigua i el condiment. Tapar i coure durant 5-6 hores a foc lent. Afegiu el gouda fumat, la llet o la nata i el tomàquet tallat a l'olla durant els últims 20 minuts o mentre es couen els macarrons. Incorporeu-hi els macarrons cuits calents.
2. La recepta de pollastre serveix 4.

Pollastre amb ceba i bolets, cuina lenta

INGREDIENTS

- De 4 a 6 pits de pollastre desossats, tallats a trossos d'1 polzada
- 1 llauna (10 3/4 unces) de crema de pollastre o crema de pollastre i sopa de bolets
- 8 unces de bolets a rodanxes
- 1 bossa (16 unces) de ceba tendra congelada
- Sal i pebre al gust
- julivert, picat, per guarnir

PREPARACIÓ

1. Rentar el pollastre i assecar-lo. Talleu en trossos d'aproximadament 1/2 a 1 polzada i poseu-los en un bol gran. Afegiu la sopa, els bolets i les cebes; barrejar per combinar. Ruixeu l'insert de la cuina lenta amb esprai de cuina.
2. Aboqueu la barreja de pollastre a l'olla i espolseu-ho amb sal i pebre.
3. Tapa i cuini a BAIX durant 6-8 hores, remenant a mitja cocció si és possible.
4. Decoreu amb julivert fresc picat, si voleu, i serviu-ho sobre arròs cuit calent o amb patates.
5. Serveix de 4 a 6.

Pollastre Amb Pinya

INGREDIENTS

- 1 a 1 1/2 lliures de nuggets de pollastre, tallats a trossos d'1 polzada
- 2/3 tasses de melmelada de pinya
- 1 cullerada més 1 culleradeta de salsa teriyaki
- 2 grans d'all a rodanxes fines
- 1 cullerada de ceba seca picada (o 1 manat de ceba verde fresca, picada)
- 1 cullerada de suc de llimona
- 1/2 culleradeta de gingebre mòlt
- una mica de caiena, al gust
- 1 paquet (10 oz) de pèsols de sucre, descongelats

PREPARACIÓ

1. Col·loqueu els trossos de pollastre a l'olla de cocció lenta/olla.
2. Combina les conserves, la salsa teriyaki, l'all, la ceba, el suc de llimona, el gingebre i el pebre de caiena; barrejar bé. Col·loqueu el pollastre, remeneu-lo per cobrir.
3. Tapar i coure a foc lent durant 6-7 hores. Afegiu els pèsols en els últims 30 minuts.
4. Serveis 4.

Country Captain Chicken

INGREDIENTS

- 2 pomes Granny Smith de mida mitjana, pelades i tallades a daus (sense pelar)
- 1/4 tassa de ceba picada finament
- 1 pebrot verd petit, sense llavors i picat finament
- 3 grans d'all, picats
- 2 cullerades de panses o groselles
- 2 o 3 culleradetes de curri en pols
- 1 culleradeta de gingebre mòlt
- 1/4 culleradeta de pebre vermell mòlt o al gust
- 1 llauna (aproximadament 14 1/2 oz) de tomàquets tallats a daus
- 6 meitats de pell de pit de pollastre desossats i sense pell
- 1/2 tassa de brou de pollastre
- 1 tassa d'arròs blanc convertit en gra llarg
- 1 lliura de gambes mitjanes grans, pelades i desossades, crues, opcionals
- 1/3 tassa d'ametlla en escates
- sal kosher
- Julivert picat

PREPARACIÓ

1. En una olla de cocció lenta de 4 a 6 quarts, combineu pomes tallades a daus, ceba, pebrot, all, panses daurades o

groselles, curri en pols, gingebre i pebrot vermell mòlt; remenar els tomàquets.
2. Col·loqueu el pollastre sobre la barreja de tomàquet, superposant lleugerament les peces. Aboqueu el brou de pollastre sobre les meitats de pit de pollastre. Tapa i cuini a BAIX fins que el pollastre estigui ben tendre quan es perfora amb una forquilla, unes 4 a 6 hores.
3. Traieu el pollastre a un plat calent, tapeu-lo lleugerament i manteniu-lo calent en un forn a 200 ° F o en un plat de fregament.
4. Incorporeu l'arròs al líquid de cocció. Puja la temperatura al màxim; tapar i coure, remenant una o dues vegades, fins que l'arròs estigui gairebé tendre, uns 35 minuts. Incorporeu les gambes, si feu servir; tapar i coure uns 15 minuts més, fins que les gambes estiguin opacs al centre; tall de prova.
5. Mentrestant, torra les ametlles en una paella petita antiadherent a foc mitjà fins que estiguin daurades, remenant de tant en tant. Per deixar de banda.
6. Per servir el plat, condimenteu la barreja d'arròs al gust amb sal. Muntar en un plat calent per servir; disposa el pollastre per sobre. Espolvorear amb julivert i ametlles.

Pollastre del país i bolets

INGREDIENTS

- 1 pot de salsa de camp

- 4-6 pits de pollastre

- 8 unces de bolets a rodanxes

- Sal i pebre al gust

PREPARACIÓ

1. Combina tots els ingredients; tapar i coure a foc lent durant 6-7 hores. Servir amb arròs o pasta.
2. Serveix de 4 a 6.

P

pa de nabius

INGREDIENTS

- 2 lliures de pell de pit de pollastre desossat i sense pell
- 1/2 tassa de ceba picada
- 2 culleradetes d'oli vegetal
- 2 culleradetes de sal
- 1/2 culleradeta de canyella mòlta
- 1/4 culleradeta de gingebre mòlt
- 1/8 culleradeta de nou moscada mòlta
- guió de pebre vermell mòlt
- 1 tassa de suc de taronja
- 2 culleradetes de pell de taronja ben ratllada
- 2 tasses de nabius frescos o congelats
- 1/4 tassa de sucre moreno

PREPARACIÓ

1. Daurar els trossos de pollastre i la ceba amb l'oli; espolvorear amb sal.
2. Afegiu el pollastre daurat, les cebes i altres ingredients a la cassola.
3. Cobrir i coure a BAIX 5 1/2 a 7 hores.
4. Si ho desitja, espessiu els sucs prop del final del temps de cocció amb una barreja d'unes 2 cullerades de maizena barrejades amb 2 cullerades d'aigua freda.

Pollastre italià cremós

INGREDIENTS

- 4 meitats de pit de pollastre desossades i sense pell
- 1 bossa de condiment per amanida italiana
- 1/3 tassa d'aigua
- 1 paquet (8 oz) de formatge crema, suavitzat
- 1 llauna (10 3/4 oz) de crema condensada de sopa de pollastre, sense diluir
- 1 llauna (4 unces) de tiges i trossos de bolets, escorreguts
- Arròs o fideus cuits calents

PREPARACIÓ

1. Col·loqueu les meitats de pit de pollastre en una olla de cocció lenta. Combina l'amaniment d'amanida i l'aigua; abocar sobre el pollastre. Tapar i coure a BAIX durant 3 hores. En un bol petit, bateu el formatge crema i la sopa fins que quedi barrejat. Combina els bolets. Aboqueu la barreja de formatge crema sobre el pollastre. Cuini d'1 a 3 hores més o fins que el suc de pollastre quedi clar. Serviu el pollastre italià amb arròs cuit calent o fideus.
2. Serveis 4.

Lasanya de pollastre Crockpot

INGREDIENTS

- 2 meitats grans de pit de pollastre, desossades
- 2 tiges d'api picades
- 1 ceba petita, picada, o 1 o 2 cullerades de ceba picada seca
- 1/2 culleradeta de farigola
- Sal i pebre al gust
- De 6 a 9 lasanyes
- 1 paquet d'espinacs congelats, descongelats i espremuts
- 6 unces de bolets frescos, a rodanxes gruixudes, o 1 llauna de 4 a 8 unces
- 1 1/2 tassa de Cheddar ratllat i barreja de formatge americà
- 1 llauna de crema de xampinyons "lleugera".
- 1 llauna de tomàquets amb xiles verds
- 1 paquet (1 unça) de barreja de salsa de pollastre sec
-

Reservat 3/4 tassa de brou

PREPARACIÓ

1. En una cassola de 2 quarts, cuini a foc lent els pits de pollastre amb api, ceba, farigola, sal i pebre fins que estiguin tendres, uns 25 minuts. Retireu el pollastre i deixeu-ho refredar; tallar a trossos petits o tallar-los. Reserveu 3/4 tassa de brou. Descarta el brou restant o congela per utilitzar-lo en una altra recepta. Talleu la lasanya per la meitat; bullir uns 5-8 minuts, fins que estigui lleugerament

flexible. Escórrer i esbandir amb aigua freda per facilitar la manipulació.
2. En un bol mitjà, combineu la sopa, els tomàquets, la salsa i el brou reservat. En una olla de cocció lenta de 3 1/2 a 4 quarts, aboqueu 3/4 tassa de la barreja de sopa. Col·loqueu de 4 a 6 meitats de lasanya a sobre de la barreja de sopa. Afegiu 1/3 dels espinacs, 1/3 del pollastre, 1/3 dels bolets i 1/2 tassa de formatge ratllat. Aboqui una altra 3/4 tassa de barreja de sopa sobre tot. Repetiu les capes 2 vegades més, acabant amb la barreja de sopa restant. Tapar i coure a foc lent durant 4 o 5 hores. Si es cuinen massa temps, els fideus poden tornar-se molins, així que comproveu-ho després d'unes 4 hores i mitja.
3. Serveis 4.

Crockpot Chicken Reuben Cassola

INGREDIENTS

- 2 bosses (16 unces cadascuna) de xucrut, esbandides i escorregudes
- 1 tassa d'amanida d'amanida russa lleugera o baixa en calories, dividida
- 6 meitats de pit de pollastre desossats i sense pell
- 1 cullerada de mostassa preparada
- De 4 a 6 llesques de formatge suís
- julivert fresc, per guarnir, opcional

PREPARACIÓ

1. Col·loqueu la meitat del xucrut en una cuina lenta elèctrica de 3 1/2 quarts. Espolvoreu amb aproximadament 1/3 tassa de l'amaniment. Cobrir amb 3 meitats de pit de pollastre i repartir la mostassa sobre el pollastre. Decoreu amb el xucrut i els pits de pollastre restants. Aboqueu una altra tassa de l'amaniment sobre la cassola. Refrigera l'amaniment restant fins que estigui llest per servir. Tapa i cuini a foc lent unes 3 1/2-4 hores, o fins que el pollastre estigui completament blanc i tendre.
2. Per servir, aboqueu la cassola en 6 plats. Decoreu amb una rodanxa de formatge i regeix amb unes culleradetes de salsa russa. Serviu immediatament, guarnint amb julivert fresc si ho desitja.
3. Serveis 6.

Pollastre Crockpot robust

INGREDIENTS

- De 4 a 8 pits de pollastre desossats i sense pell
- 1 ampolla (8 oz) Wishbone Robusto Italian Dressing
- Fideus d'ou en bossa d'1 lb
- 4 oz. crema agra
- 1/2 tassa de parmesà més més per servir

PREPARACIÓ

1. Col·loqueu els pits de pollastre a la cassola. Aboqueu-hi el condiment italià. Cobrir i coure a foc baix 7 hores o alt 3 1/2 hores. Traieu el pollastre de la cassola; deixar el foc encès. Afegiu la meitat de la crema agra als sucs i remeneu fins que es dissolgui. Calentar.
2. Coure els tallarines i escorreu-los bé. Afegiu la resta de crema agra i el parmesà als fideus i remeneu fins que es fongui. Serviu el pollastre sobre els fideus i aboqueu la salsa sobre el pollastre.
3. Espolvorear amb parmesà al gust.

Pollastre Crockpot Amb Carxofes
INGREDIENTS

- 1 1/2 a 2 lliures de meitats de pit de pollastre desossades, sense pell
- 8 unces de bolets frescos a rodanxes
- 1 llauna (14,5 oz) de tomàquets a daus
- 1 paquet de carxofes congelades, de 8 a 12 oz
- 1 tassa de brou de pollastre
- 1/2 tassa de ceba picada
- 1 llauna (3-4 unces) d'olives madures a rodanxes
- 1/4 tassa de vi blanc sec o brou de pollastre
- 3 cullerades de tapioca de cocció ràpida
- 2 culleradetes de curri en pols, o al gust
- 3/4 culleradeta de farigola seca, picada
- 1/4 culleradeta de sal
- 1/4 culleradeta de pebre
- 4 tasses d'arròs cuit calent

PREPARACIÓ

1. Esbandida el pollastre; assecar i reservar. En una olla de cocció lenta de 3 1/2 a 5 quarts, combineu els bolets, els tomàquets, els cors de carxofa, el brou de pollastre, la ceba picada, les olives a rodanxes i el vi. Incorporeu-hi la tapioca, el curri en pols, la farigola, la sal i el pebre. Afegiu el pollastre a la cassola; raig una mica de la barreja de tomàquet sobre el pollastre.
2. Tapa i cuini a BAIX durant 7-8 hores o a ALTA durant 3 1/2-4 hores. Serviu amb arròs cuit calent.
3. Per a 6-8 porcions.

www.ingramcontent.com/pod-product-compliance
Lightning Source LLC
Chambersburg PA
CBHW071237080526
44587CB00013BA/1660